TIMES LEARN MAI

LEARN MALAY:

A PHRASE A DAY

TIMES LEARN MALAY

LEARN MALAY: A PHRASE A DAY

Dr. G. Soosai

TIMES BOOKS INTERNATIONAL
Singapore • Kuala Lumpur

By the same author:
Converse in Malay

First published as *Learn a Phrase a Day* in 1984
Reprinted 1987, 1991
This edition published in 1995
Reprinted 2002

Published by Times Books International
An imprint of Times Media Private Limited
A member of the Times Publishing Group

Times Centre, 1 New Industrial Road, Singapore 536196
Tel: (65) 213 9288 Fax: (65) 285 4871
E-mail: te@tpl.com.sg
Online Book Store: http://www.timesone.com.sg/te

Times Subang, Lot 46, Subang Hi-Tech Industrial Park
Batu Tiga, 40000 Shah Alam, Selangor Darul Ehsan, Malaysia
Tel & Fax: (603) 5636 3517 E-mail: cchong@tpg.com.my

National Library Board (Singapore) Cataloguing in Publication Data

Soosai, G.
Learn Malay : a phrase a day / G. Soosai. –Singapore : Times Books International, 1995 (2002 printing)
p. cm. – (Times learn Malay)
First published as: Learn a phrase a day. 1984.
ISBN : 981-204-557-0

1. Malay language – Conversation and phrase books – English. I. Title. II. Series: Times learn Malay

PL5108
499.2883421 — dc21 SLS95038399

Printed by JBW Printers & Binders Pte. Ltd.

PENGHARGAAN

Saya suka menyampaikan rasa penghargaan saya kepada pihak Radio Malaysia kerana kesudian dan kerelaan mereka membenarkan saya memuatkan bahan-bahan pelajaran radio saya dalam kitab ini *Learn a Phrase a Day* melalui surat JR/KP Ind/6 Vol. 4. .

Saya menghargai benar sokongan moral yang diberikan oleh Radio Malaysia. Saya amat terhutang budi kepada Y.B. Datuk Seri Mohd Adib Bin Haji Mohd Adam, Menteri Penerangan Malaysia dan Tan Sri Datuk Haji Hamdan Sheikh Tahir, Naib Canselor, Universiti Sains Malaysia, yang memberikan kata-kata aluan.

Pisang emas dibawa belayar,
Masak sebiji di atas peti.
Hutang emas boleh dibayar,
Hutang budi dibawa mati.

Dr. G. Soosai

CONTENTS

PREFACE

As the sole official language of Malaysia, Bahasa Malaysia plays an important role in our lives. It is a very simple but dynamic language. It should be studied with utmost care.

I cultivated a sincere love for the language while still a boy. In fact, it was Tan Sri Datuk Haji Hamdan Sheikh Tahir, Vice Chancellor of Universiti Sains Malaysia and Chairman of Dewan Bahasa dan Pustaka who instilled in me the love for the language. He was my teacher for five years in Clifford School, Kuala Kangsar. He has graciously given a Foreword to my book.

I wish to thank Radio Malaysia for having magnanimously granted me permission to bring my lessons in book form. The Eastern Universities Press (M) Sdn. Bhd. is contributing to the growth of Bahasa Malaysia.

I wish to thank my devoted wife, Kolande Mary for her encouragement. I would not have contributed to the growth of Bahasa Malaysia, had it not been for the enthusiasm and dedication shown by my wife.

I dedicate this book to may late mother who passed away in Kuala Kangsar on 30th October 1949. For all that I am, and for all that I hope to be, I am forever indebted to the great soul.

Dr. G. Soosai

KATA-KATA ALUAN

Saya mengalu-alukan penerbitan buku *Learn a Phrase a Day* dan *Converse in Malay* karya Dr. Soosai yang boleh menolong mereka yang mahu mempelajari Bahasa Malaysia. Para pelajar Bahasa Malaysia sudah pasti akan menghargai usaha Dr. Soosai ini untuk menyenangkan mereka menguasai Bahasa Malaysia yang menjadi Bahasa Rasmi kita sejak kemerdekaan.

Kedua-dua buku ini adalah berasaskan 365 siri rancangan pelajaran Bahasa Malaysia yang telah disiarkan oleh Radio Televisyen Malaysia serta akhbar. Siri pelajaran tersebut telah mendapat sambutan yang sungguh menggalakkan dan saya harap penerbitan Dr. Soosai ini juga akan mencapai kejayaan.

(DATUK SERI MOHD ADIB BIN HAJI MOHD ADAM)
Menteri Penerangan Malaysia

FOREWORD

The publication of 365 radio lessons of Dr. Soosai is most timely and it will be appreciated by students of Bahasa Malaysia as the lessons have been tried out not only in the press but also on the Radio Televisyen Malaysia for a long time. Many students have learned to improve their knowledge and ability in the use of the *lingua franca* of the Malay Archipelago because Dr. Soosai has taken a lot of time and given dedication and unselfish efforts to make his lessons simple and easy to understand. Dr. Soosai used to be my student in a secondary school before Malaysia gained its independence. He has devoted himself to the study of languages and particularly excelled in the study of Bahasa Malaysia, the national language of the country. Having learned the language well not as his own mother-tongue, he has always understood the difficulties of others who are learning Malay as a second language. He has therefore proved himself to be a great success. He has been acknowledged as a scholar who has studied the Malay grammar and the Malay literature deeply and comprehensively.

I firmly believe that the radio lessons are interesting and are well presented that the enthusiastic readers will be able to learn Bahasa Malaysia quickly and with ease. Dr. Soosai is a prolific writer and his writings have reached a very large number of readership not only in Malaysia but all over the world. His contributions towards the dissemination of the Malay language and Malay literature are well-known and it is a matter of great pride to me that he is regarded as a scholar in his own rights. There is no doubt that the publication by the Eastern Universities Press (M) Sdn. Bhd. of the *Learn a Phrase a Day* and *Converse in Malay* will receive and attract the attention and interest of many more students of Bahasa Malaysia. I wish the publication every success.

Hamdan Tahir

(TAN SRI DATUK HAJI HAMDAN SHEIKH TAHIR)
Vice Chancellor
University of Science Malaysia

INTRODUCTION

As the sole official language of Malaysia, Malay plays an important part in our lives. It is a very simple but dynamic language. It should be studied with utmost care.

This book is the result of thirty years of teaching experience I have had in the language. I owe a deep debt of gratitude to the many scholars and friends who inspired me so much that I was determined to write a series of books in Bahasa Malaysia.

I cultivated a sincere love for the Malay language while still a boy. In fact, it was Tan Sri Datuk Haji Hamdan bin Sheikh Tahir, the present Malaysian Representative in UNESCO, Paris, France, who instilled in me the love for the language. He was my teacher for five years. Although a teacher by profession, I have a deep interest in journalism.

The phrases given in this book have been taught with great success. The book can serve as a background revision for the Sijil Pelajaran Malaysia and the Government Malay examinations. I wish to thank the headmasters for having given me the opportunity to teach Bahasa Malaysia. In fact, I consider myself fortunate for having had the opportunity to teach the subject from Form 1 to 6, and in the Universiti Sains, Pulau Pinang. As an approved Munsyi, I have also taught the subject to Malay school teachers. Anyone who follows this book conscientiously and systematically will master the rudiments of the language. I wish to thank Radio Malaysia for having graciously granted me permission to publish this book. Students are advised to read my other books *Kursus Baru Bahasa Malaysia, Sijil Rendah Pelajaran, Kursus Baru Bahasa Malaysia, Sijil Pelajaran Malaysia* and *Ungkapan Lengkap* for more comprehensive information and guidance.

This book has been specially planned to open up a wide field for the students who have learned the rudiments of the language and now wish to make some real use of it. It expounds sound training in the spirit and genius of the language exemplified in everyday phrases.

Phrases are the pulse of the language. Vocabulary is important but the language can be expressed well in phrases. A thorough grasp of the language will lay the foundation for optimistic self-confident conversation; RTM followed this concept with great success. So far I have written four series *Learn a Word a Day, Learn a Phrase a Day, Converse in Malay* and *Comprehend Bahasa Malaysia* which is still being broadcast daily by RTM. The next series will be *Learn an Idiom a Day.*

I am grateful to Times Books International for publishing the two series *Learn a Phrase a Day* and *Converse in Malay.* The numerous letters received from listeners proved that the series *Learn a Phrase a Day* benefited thousands of Malaysians. I recall as a student, that the great educationist, Mr. Cheeseman, compared phrases to nature. He contended that phrases give colour and grace to the language. I uphold the view of Mr Cheeseman.

I believe as suggested by the Minister of Information Datuk Seri Mohd Adib bin Haji Mohd Adam and Tan Sri Datuk Haji Hamdan bin Sheikh Tahir that this book will benefit thousands of students who wish to master this language.

I wish to thank my youngest son, Sebastian Soosai, who has my interest in the study of linguistics. I would not have been able to complete this book had it not for the enthusiasm and dedication shown by him.

I dedicate this book to my late mother who passed away in Kuala Kangsar on 30th October 1949. For all that I am, and for all that I hope to be, I am for ever indebted to the Great Soul.

Kuala Kangsar bandar diraja,
Pusara ibu tersergam di situ.
Ibu pulang ke alam baka,
Anak bongsu menjadi piatu.

I invite readers to read this book. Determination is the most important ingredient of success, and if one has the spirit of endurance while doing things, one can achieve even one's greatest ambition.

Dr. G. Soosai
Penang
Malaysia.

I dedicate this book to my [illegible] who passed away at Kashi [illegible] on 25th December 1979 [illegible] all that I am and [illegible] [illegible] Lord [illegible] the Great Lord.

[illegible]
[illegible]
[illegible]
[illegible]

I invite readers to read this book. [illegible] is the most impor[illegible] [illegible] spirit of [illegible]
[illegible]

[illegible]
[illegible]

MENGHADAPI KESULITAN – TO FACE TROUBLE/-PROBLEMS

Dari kecil lagi saya **menghadapi kesulitan** *mempelajari Ilmu Hisab.*
I have had trouble studying Mathematics since I was young.

Pengganas-pengganas komunis **menghadapi kesulitan** *mendapat makanan.*
Communist terrorists face problems getting food.

Mahasiswa-mahasiswa baru **menghadapi kesulitan** *mendapat tempat tinggal.*
New university students face the problem of getting accommodation.

Kontraktor itu **menghadapi kesulitan** *mendapat bahan-bahan binaan bagi projeknya.*
The contractor is having trouble obtaining building materials for his projects.

Setinggan-setinggan di kawasan sesak **menghadapi kesulitan** *hidup.*
The squatters in the congested area face the problem of making a livelihood.

Kerajaan tidak akan **menghadapi kesulitan** *bagi menyelesaikan masalah itu.*
The Government will not have any trouble settling that problem.

Adakah awak menghadapi kesulitan semasa menjalankan kerja itu?
Saya tidak menghadapi kesulitan semasa menjalankan kerja itu.

MENGHADAPI KESUKARAN – TO FACE DIFFICULTIES

Dewan Bandaraya **menghadapi kesukaran** *memindahkan setinggan-setinggan di sekitar Kuala Lumpur.*
City Hall faces the difficulty of resettling squatters around Kuala Lumpur.

Penduduk-penduduk kampung itu **menghadapi kesukaran** *mendapat bekalan elektrik bagi rumah-rumah mereka.*
The kampung folk are facing difficulties obtaining electrical supply for their houses.

Kerajaan **menghadapi kesukaran** *menjalankan projek itu kerana tidak ada kerjasama dari orang ramai.*
The Government is facing difficulties in carrying out the project because of lack of co-operation from the public.

Tanpa kerjasama dari ibu bapa, guru-guru akan **menghadapi kesukaran** *memajukan pelajaran murid-murid.*
Without parents' co-operation teachers will face difficulties advancing the pupils' education.

Saya **menghadapi kesukaran** *mendapat pinjaman wang untuk mendirikan sebuah rumah.*
I am facing difficulties obtaining a loan to build a house.

UDA tidak **menghadapi kesukaran** *mendapatkan tanah-tanah untuk memulakan projek.*
UDA does not face difficulties in getting land to begin its project.

Mereka menghadapi kesukaran tentang apa?
Mereka menghadapi kesukaran tentang mendapat air.

MENUMPUKAN PERHATIAN – TO CONCENTRATE OR FOCUS ONE'S ATTENTION
• TO TURN ONE'S ATTENTION TO

Kerajaan sedang **menumpukan perhatian** *terhadap rakyat di luar bandar.*
The Government is focussing its attention on the rural people.

Subramaniam diminta **menumpukan perhatian***nya terhadap tugas-nya.*
Subramaniam is asked to pay attention to his duties.

Orang ramai sedang **menumpukan perhatian** *terhadap perbicaraan itu.*
The public is concentrating its attention on the trial.

Pihak RISDA **menumpukan perhatian** *yang penuh terhadap ke-majuan pekebun-pekebun kecil.*
RISDA is concentrating its whole attention on the progress of smallholders.

Budak itu gagal kerana ia tidak **menumpukan perhatian***nya terhadap pelajaran.*
The boy failed because he did not pay attention to his studies.

Rancangan Malaysia Ketiga **menumpukan perhatian** *terhadap ke-bajikan penduduk-penduduk desa.*
The 3rd Malaysia Plan turns its attention to the welfare of the rural dwellers.

Negara sedang menumpukan perhatian terhadap apa?
Negara sedang menumpukan perhatian terhadap penghapusan komunis.

MEMBUAT PENYIASATAN – TO CARRY OUT INVESTIGATIONS
• TO INVESTIGATE

Ketua Pejabat ditugaskan **membuat penyiasatan** *mengenai kecurian itu.*
The Head of Department is given the task of carrying out investigations into the theft.

Lima orang telah dilantik **membuat penyiasatan** *tentang projek baru itu.*
Five persons were appointed to carry out investigations into the new project.

Kerja **membuat penyiasatan** *itu akan memakan masa sekurang-kurangnya sebulan.*
The investigation will take at least one month.

Kita harus **membuat penyiasatan** *supaya perkara yang samar-samar itu menjadi terang.*
It is necessary that we carry out investigations so that the uncertainty surrounding the affair is cleared up.

Polis sedang **membuat penyiasatan** *mengenai pengedar dadah di Ibu Kota.*
The Police are carrying out investigations regarding the drug pusher in the Federal Capital.

Siapakah yang akan membuat penyiasatan mengenai aduan itu?
Satu Lembaga telah dilantik untuk membuat penyiasatan mengenai aduan itu.

MENGAMBIL HATI – TO WIN THE HEART OF
- TO WIN OVER
- TO PLEASE

Saya rasa bukan susah hendak **mengambil hati** *pemuda-pemuda itu.*
I feel it is not very difficult to win the hearts of young men.

Mazlan pandai **mengambil hati** *ayahnya supaya ia tidak dimarahi.*
Mazlan is clever at winning over his father so that he is not scolded.

Untuk **mengambil hati** *isterinya, Zaharin telah menghadiahkan seutas rantai leher.*
In order to please his wife, Zaharin presented her with a necklace.

Seorang isteri seharusnya tahu cara-cara **mengambil hati** *suaminya.*
A wife should know how to please her husband.

Wakil Rakyat di kawasan itu sangat pandai **mengambil hati** *para pengundi.*
The M.P. of that district is very good at winning over his voters.

Seorang peniaga seharusnya pandai **mengambil hati** *para pelanggannya.*
A businessman needs to be good at pleasing his customers.

Pandaikah pegawai itu mengambil hati kakitangannya?
Pegawai itu tidak pandai mengambil hati kakitangannya.

MEMBUAT KEPUTUSAN – TO MAKE OR COME TO A DECISION
• TO DECIDE

Sebelum **membuat keputusan,** *hal itu hendaklah dirundingkan dahulu.*
Before making/coming to a decision it is necessary to discuss the matter first.

Seorang ketua yang bijak tidak **membuat keputusan** *yang terburu-buru.*
A wise leader does not make hasty decisions.

Pertubuhan belia **membuat keputusan** *hendak mengadakan Malam Amal.*
The youth movement has decided to hold a charity night.

Tanpa berfikir panjang dia telah **membuat keputusan** *memberhentikan pekerja itu.*
Without due consideration, he decided to dismiss the employee.

Dia telah **membuat keputusan** *hendak melaporkan perkara itu kepada polis.*
He had decided to report the matter to the police.

Penjenayah itu telah **membuat keputusan** *hendak menyerah diri.*
The criminal decided to give himself up.

Siapa yang sepatutnya membuat keputusan tentang hal itu?
Ketua Pemeriksa yang sepatutnya membuat keputusan tentang hal itu.

SEBAGAI CONTOH – AS AN EXAMPLE
• AS A SAMPLE/GUIDE

Sebagai contoh *ikutlah rajah kasar yang telah disiapkan itu.*
Follow the rough design that has been done as a guide.

Kemajuan yang ditunjukkan oleh mereka itu adalah **sebagai contoh** *kerja yang tersangat baik.*
The success demonstrated by them is a good example for us.

Hasil kerja Ranjit telah dipamerkan **sebagai contoh** *kerja yang tersangat baik.*
Ranjit's fine work is being exhibited as an example of the best.

Gambarajah yang diberi di dalam buku itu adalah **sebagai contoh** *sahaja.*
The design given in the book is only an example.

Gunakanlah gambar ini **sebagai contoh** *apabila awak melukis.*
Use this picture as a guide when you draw.

Supaya keterangan itu lebih jelas, sokonglah dengan sekeping gambar **sebagai contoh.**
To make the explanation clearer, support it by using a photograph as a sample.

Gambar itu sebagai contoh apa?
Gambar itu sebagai contoh sebuah empangan air.

SEBAGAI ALAT – TO BE USED AS A TOOL, ITEMS, INSTRUMENTS OR MEANS

Gambar-gambar itu digunakan **sebagai alat** *mengajar.*
Those pictures are being used as educational items.

Pasir itu digunakan **sebagai alat** *pemadam api.*
Sand is used as a means to put out fire.

Gas pemedih mata itu digunakan **sebagai alat** *menyuraikan rusuhan.*
Tear gas is used as a means to break up riots.

Pelajar-pelajar tidak rela menjadi **sebagai alat** *untuk menentang Kerajaan.*
Students do not wish to be used as tools for opposing the Government.

Datuk saya menggunakan buluh **sebagai alat** *menulis.*
My grandfather uses bamboo as an instrument for writing.

Pada zaman purba, batu digunakan **sebagai alat** *mendapatkan api.*
During ancient times stones were used as tools for making fires.

Kail itu digunakan sebagai alat apa?
Kail itu digunakan sebagai alat menangkap ikan.

DENGAN USAHA – WITH EFFORT
• WITH DILIGENCE

Firma itu maju **dengan usaha** *Lembaga Pengurusnya.*
That firm is successful because of diligence on the part of the governing council.

Tiap-tiap pekerjaan yang dibuat itu mestilah **dengan usaha** *kita sendiri.*
Every bit of work must be done by our own effort.

Oleh sebab dia tidak bekerja **dengan usaha** *yang bersungguh-sungguh perusahaannya gagal.*
As he did not work with all his effort his business failed.

Guru-guru selalu mengingatkan murid-murid hendaklah belajar **dengan usaha** *yang bersungguh-sungguh.*
Teachers always remind their students to study diligently.

Dengan usaha *yang berlipat ganda petani-petani telah mendapat keuntungan yang lumayan.*
With greater effort, the farmers were able to reap satisfactory returns.

Dengan usaha *yang tidak jemu-jemu, cita-citanya itu telah berhasil.*
With relentless effort, he has been able to fulfill his ambition.

Kerja itu siap dengan usaha siapa?
Kerja itu siap dengan usaha saya sendiri.

BUAH MULUT – GOSSIP
• A TOPIC OF INTEREST

Perkara yang tidak baik itu selalu menjadi **buah mulut** *orang.*
Bad incidents always lead to gossip among people.

Kelakuan Halimah menjadi **buah mulut** *orang kampung itu.*
Halimah's behaviour has led to gossip among the kampung folks.

Perkahwinan yang meriah itu telah menjadi **buah mulut** *para tetamu.*
The grand wedding has become a topic for talk among the guests.

Kejayaan anaknya dalam bidang pendidikan itu telah menjadi **buah mulut** *penduduk-penduduk kampung itu.*
His son's success in the field of education has become a topic of interest among the kampung folks.

Kegagalan syarikat itu dalam perniagaannya tetap menjadi **buah mulut**.
That company's failure in business is certain to become a source of gossip.

Peristiwa yang tidak disangka-sangka itu telah menjadi **buah mulut.**
The unexpected incident has led to gossip.

Perkara itu menjadi buah mulut siapa?
Perkara itu menjadi buah mulut penduduk-penduduk kampung.

YANG BERKUASA – WHO/WHICH IS POWERFUL/-IN POWER/AUTHORISED
• THE AUTHORITIES CONCERNED

Parti **yang berkuasa** *di negara ini ialah Barisan Nasional.*
The party in power in this country is the Barisan Nasional.

Keputusan pilihanraya itu akan diumumkan oleh pihak **yang berkuasa**.
The election results will be announced by the authorities concerned.

Parti **yang berkuasa** *akan menentukan corak pemerintahan satu-satu negara.*
The party in power will decide the system of Government of a country.

Tiap-tiap orang **yang berkuasa** *mestilah mempunyai sifat bertimbang rasa.*
Everyone in authority must possess a sympathetic quality.

Kalau dia jugalah **yang berkuasa** *lagi, sudah tentu tidak ada kemajuan.*
If he comes into power again, it is certain there will be no progress.

Tidak ada siapa pun **yang berkuasa** *membatalkan hukuman hakim itu.*
There is no one who is empowered to revoke the judge's decision.

Adakah dia yang berkuasa dalam hal itu?
Ya, dialah yang berkuasa dalam hal itu.

DALAM RANCANGAN – IN THE SCHEME
• IN THE PROGRAMME
• IN THE PLAN

Ahmad akan bersama-sama **dalam rancangan** *perumahan itu.*
Ahmad will be included in the housing scheme.

Cara bercucuk tanam yang baik telah ditunjukkan **dalam rancangan** *pertanian itu.*
The best method of farming was demonstrated in that agricultural scheme.

Saya puas hati melihat semua perkara **dalam rancangan** *itu telah berjaya.*
I am satisfied because all that is in the scheme/programme has succeeded.

Dalam rancangan *syarikat itu, sebuah bangunan pencakar langit akan dibina.*
In the company's programme/plan a skyscraper will be built.

Melancong ke India pada cuti yang akan datang ini adalah **dalam rancangan** *saya.*
A tour of India during the coming vacation is in my programme.

Pembukaan ladang berkelompok itu adalah **dalam rancangan** *Kerajaan.*
The inception of community farming is in the Government's plan.

Adakah perkara itu termasuk dalam rancangan awak?
Perkara itu memang ada dalam rancangan saya.

MASIH DALAM – STILL IN
- ON
- UNDER

Barang-barang yang ibu beli itu **masih dalam** *kotak lagi.*
The articles which mother bought are still in the box.

Jika awak **masih dalam** *cuti sakit, tidak payahlah datang bekerja dahulu.*
If you are still on sick leave, you need not come to work as yet.

Permohonan awak itu **masih dalam** *pertimbangan kami lagi.*
Your application is still under our consideration.

Saya **masih dalam** *kebingungan memikirkan masalah itu.*
I am still in a muddle trying to figure out the problem.

Barang-barang ini **masih dalam** *senarai barang-barang kawalan.*
These articles are still on the list of controlled items.

Semua jurutaip itu telah lulus, hanya seorang sahaja yang **masih dalam** *cubaan.*
With the exception of one typist who is still under probation, all typists have passed.

Gambar-gambar itu masih dalam tangan siapa?
Gambar-gambar itu masih dalam tangan abang saya.

MEMBERI HASIL – TO YIELD
• PRODUCE RESULTS

Kerja-kerja yang dibuatnya itu tidak **memberi hasil** *apa-apa pun.*
The work he did has not yielded any result whatsoever.

Kami harap perundingan itu boleh **memberi hasil** *yang memuaskan.*
We hope the discussion will be able to produce satisfactory results.

Rancangan itu nampaknya belum **memberi hasil** *seperti yang di-harap-harapkan.*
It appears that the plan has not produced the expected results.

Usahanya selama ini belum lagi **memberi hasil** *yang boleh dibangga-kan.*
His efforts so far has not produced results that one can feel proud of.

Tanam-tanaman itu dijangka akan **memberi hasil** *yang lumayan.*
The crops are expected to yield moderately.

Ada kemungkinan perundingan pada kali ini akan **memberi hasil** *yang baik.*
There is a possibility that the discussion will yield good results this time.

Bolehkah projek itu memberi hasil yang baik?
Ya, projek itu boleh memberi hasil yang baik.

MEMBERI GAMBARAN – TO GIVE AN IDEA/-IMPRESSION
• TO PRESENT A PICTURE

Kegiatan yang dia lakukan ini **memberi gambaran** *yang buruk kepada masyarakat.*
The activities he indulges in gives the community a bad impression.

Laporan itu **memberi gambaran** *keseluruhan kejayaan yang telah dicapai setakat ini.*
The report gives an idea of the general success that has been achieved so far.

Lukisan abstrak itu **memberi gambaran** *yang mendalam tentang perpaduan rakyat Malaysia.*
That abstract drawing presents a clear picture of the unity of the Malaysian people.

Puisi itu **memberi gambaran** *penderitaan hidup rakyat yang tertindas.*
The poem gives an idea of the suffering in the lives of the oppressed.

Pengajarannya yang sistematik **memberi gambaran** *bahawa guru itu seorang yang berpengalaman.*
His systematic manner of teaching gives the impression that he is an experienced teacher.

Tindakan pegawai itu **memberi gambaran** *bahawa beliau adalah seorang yang matang dalam pentadbiran.*
The officer's action gives the impression that he is proficient in administration.

Perbualannya itu memberi gambaran apa kepada kita?
Perbualannya itu memberi gambaran ketidakpuasan hatinya.

SECARA JUJUR – WITH HONESTY/SINCERITY
• HONEST
• IN AN HONEST MANNER

Secara jujur *dia telah menghadiahkan barang-barang itu kepada kami.*
He presented the gifts to us with sincerity.

Ceritakanlah **secara jujur** *kepada kami kisah kemalangan itu yang sebenar.*
Give us an honest account of the accident.

Orang tua itu **secara jujur** *telah menasihatkannya supaya lebih berhati-hati.*
The old man advised him in an honest manner to be more careful.

Pertolongan yang saya berikan kepadanya adalah **secara jujur**.
The help I rendered was given in sincerity.

Dia menjalankan tugasnya di pejabat **secara jujur**.
He performs his duties in the office with honesty and sincerity.

Kritik membina yang dibuat **secara jujur** *patutlah digalakkan.*
Constructive criticisms made in an honest manner/with sincerity ought to be encouraged.

Betulkah pemberian itu dibuat secara jujur?
Ya, pemberian itu dibuat secara jujur.

BEROLEH KEUNTUNGAN – TO MAKE A PROFIT
• TO BENEFIT

Jika hendak **beroleh keuntungan** *dalam perniagaan, modal mestilah mencukupi.*
To make a profit in business, one must have sufficient capital.

Dalam perniagaan itu dia **beroleh keuntungan** *yang berlipat ganda.*
In his business he makes profits many times over.

Kita akan **beroleh keuntungan** *jika barang-barang yang dijual ini laku semuanya.*
We will make a profit if all these articles sell well.

Jika saya **beroleh keuntungan**, *separuh daripada wang itu akan saya belikan saham.*
If I make a profit, I will use a portion of the money to buy shares.

Semenjak asrama itu didirikan, pelajar-pelajar luar bandarlah yang **beroleh keuntungan.**
Rural students have benefited ever since the hostel was built.

Rakyat telah **beroleh keuntungan** *daripada projek-projek Rancangan Malaysia Kedua.*
The people have benefited from the projects of the Second Malaysia Plan.

Adakah dia beroleh keuntungan dalam perniagaannya itu?
Ya, dia beroleh keuntungan dalam perniagaannya itu.

JAUH BERUBAH – TO CHANGE CONSIDERABLY

Perangainya **jauh berubah** *dari mula-mula dia bekerja di situ.*
His disposition has changed considerably since he first started working there.

Rekabentuk rumah hari ini **jauh berubah** *dengan rekabentuk rumah masa dahulu.*
The design of present-day houses has changed considerably from that of houses in the past.

Setelah mendapat teguran dari orang ramai, sikapnya **jauh berubah** *baik.*
Since he came under public criticism, his attitude has changed considerably.

Ejaan baru yang digunakan sekarang tidak berapa **jauh berubah** *dari dahulu.*
The spelling now being used has not changed very much from what it was previously.

Rasa tanggungjawabnya tidak **jauh berubah** *walaupun nasihat telah diberi.*
His sense of responsibility has not changed very much although he has been given advice.

Sejak rancangan perumahan berkembang, pemandangan di tempat ini telah **jauh berubah**.
Since the housing plan progressed the view here has changed considerably.

Betulkah gerak-gerinya telah jauh berubah?
Memang betul, gerak-gerinya telah jauh berubah dari dahulu.

DAPAT DIATASI – CAN BE OVERCOME/SOLVED/-REMEDIED

Masalah perumahan murah bagi orang-orang yang berpendapatan rendah akan **dapat diatasi**.
The problem of providing cheap housing for people with low incomes will be overcome.

Kesilapan itu **dapat diatasi** *jika diketahui lebih awal lagi.*
The mistake could have been remedied if it was detected earlier.

Masalah perumahan bagi penduduk-penduduk dalam bandar **dapat diatasi** *oleh badan-badan swasta.*
The housing problem for town residents can be overcome through bodies within the private sector.

Perbezaan hidup di antara miskin dengan kaya akan **dapat diatasi** *melalui Rancangan Malaysia Ketiga.*
The difference between the life of the poor and that of the rich can be overcome through the 3rd Malaysia Plan.

Kesesakan jalan raya **dapat diatasi** *manakala siap sahaja lebuhraya baru itu.*
Congestion on roads can be overcome as soon as the new highway is completed.

Masalah kekurangan buku-buku teks **dapat diatasi** *dengan kerjasama Persatuan Penerbit.*
The problem of the shortage of text books can be overcome with the cooperation of the Publishers' Association.

Awak fikir perkara itu dapat diatasikah?
Saya fikir perkara itu dapat diatasi.

DAPAT DITERIMA – CAN BE ACCEPTED/-RECEIVED

Fikiran yang dikemukakan itu rasanya **dapat diterima** *oleh semua orang.*
It seems that the view he put forward, can be accepted by all.

Jika ada usul yang tidak **dapat diterima** *eloklah ditinggalkan sahaja.*
If there is a proposal that cannot be accepted, it is best to leave it out.

Untuk masa ini, pendapatnya itu tidak **dapat diterima** *sama sekali.*
For the present, his opinion cannot be accepted at all.

Usul yang difikirkan **dapat diterima** *itu, telah ditolak oleh mesyuarat.*
The proposal which was thought to be acceptable was rejected in the meeting.

Kita kenalah membentuk satu kebudayaan yang **dapat diterima** *oleh semua kaum.*
We have to mould a culture that can be accepted by all races.

Rancangan Malaysia Ketiga merupakan satu skim yang **dapat diterima** *oleh semua rakyat.*
The 3rd Malaysia Plan is a scheme which can be accepted by all the people.

Adakah cadangannya itu dapat diterima oleh kita?
Saya rasa cadangannya itu tidak dapat diterima.

MEMBERI NASIHAT – TO GIVE ADVICE
• TO ADVISE

Saya rasa dia sahaja yang boleh **memberi nasihat** *kepada budak-budak itu.*
I feel that only he can give the boys advice/advise the boys.

Kami tidak tahu siapa lagi yang patut **memberi nasihat** *kepadanya.*
We do not know who else ought to give him advice/advise him.

Bukan semua orang boleh **memberi nasihat** *seperti dia.*
Not everyone can give advice like he can.

Sudah jemu kami **memberi nasihat** *kepada budak-budak itu.*
We are tired of giving those boys advice/advising those boys.

Dalam mesyuarat itu Pegawai Daerah **memberi nasihat** *kepada para hadirin.*
At the meeting, the District Officer advised all those present.

Tidak guna kita **memberi nasihat** *jika dia tidak mahu mengikutinya.*
It is useless for us to give him advice if he does not want to heed it.

Siapakah yang patut memberi nasihat kepadanya?
Ibu bapanyalah yang patut memberi nasihat kepadanya.

NASIHAT YANG BERGUNA – USEFUL ADVICE

Nasihat yang berguna *selalu sahaja diberi oleh guru kepada murid-muridnya.*
The teacher always gives useful advice to his pupils.

Dalam keadaan yang begini **nasihat yang berguna** *dari awak memang dihargai.*
In a situation like this, useful advice from you is certainly appreciated.

Saya harap awak dapat memberi **nasihat yang berguna** *kepada mereka.*
I do hope you can give them some useful advice.

Saya berjanji akan memberi tunjuk ajar dan **nasihat yang berguna** *kepadanya.*
I promise I will give him guidance and useful advice.

Budak itu selalu mendapat **nasihat yang berguna** *dari kedua ibu bapanya.*
The boy always receives useful advice from his parents.

Ketua Pejabat telah memberi **nasihat yang berguna** *kepada kakitangannya.*
The head of the department has given his staff useful advice.

Siapakah yang memberi nasihat yang berguna itu?
Guru saya yang memberi nasihat yang berguna itu.

SECARA IKHLAS — WITH SINCERITY
• SINCERELY

Secara ikhlas *kami menghadiahkan barang-barang ini kepada tuan.*
We present these articles to you with sincerity.

Secara ikhlas *kedatangan rombongan itu diterima oleh kelab kami.*
The group was received with sincerity by our club.

Kerja yang dibuat **secara ikhlas** *akan mendapat balasan yang baik.*
Work done with sincerity will be well rewarded.

Eloklah pertolongan yang hendak diberi itu dibuat **secara ikhlas**.
It is desirable that the assistance be given with sincerity.

Kita minta kerja gotong-royong itu dibuat **secara ikhlas** *sahaja.*
We ask that the gotong-royong project be carried out with sincerity.

Dalam zaman kebendaan ini susah hendak mendapat orang yang membuat kerja **secara ikhlas**.
In this age of materialism, it is difficult to get people to work with sincerity.

Adakah pemberian itu dibuat secara ikhlas?
Saya rasa pemberian itu dibuat secara ikhlas.

TERSANGAT MAJU – VERY SUCCESSFUL
- THE MOST SUCCESSFUL
- VERY GOOD
- THE BEST
- ADVANCED

Jepun **tersangat maju** *dalam bidang sains dan teknologi.*
Japan is very advanced in the field of science and technology.

Kedai itu **tersangat maju** *daripada kedai-kedai yang lain.*
That shop is very successful when compared to the other shops.

Rashid seorang pelajar yang **tersangat maju** *dalam pelajarannya.*
Rashid is a student who is very good in his studies.

Malaysia adalah di antara negara-negara yang **tersangat maju** *di Asia Tenggara ini.*
Malaysia is one of the most successful countries in South East Asia.

Perniagaannya **tersangat maju,** *susah hendak ditandingi.*
His business is very successful and difficult to compete with.

Sungguhpun dia nakal tetapi pelajarannya **tersangat maju**.
Even though he is naughty, he is very good in his studies.

Betulkah perniagaannya itu tersangat maju?
Betul, perniagaannya tersangat maju.

TERSANGAT PENTING – VERY IMPORTANT • URGENT • OF GREAT IMPORTANCE

Pesanan tuan yang **tersangat penting** *itu telah saya sampaikan kepadanya.*
I have already conveyed your urgent message to him.

Semua nasihat ibu bapa **tersangat penting** *dan mesti diambil perhatian.*
All advice given by parents is very important and should be heeded.

Beras suatu bahan makanan yang **tersangat penting** *kepada rakyat Malaysia.*
Rice is a very important food for Malaysians.

Oleh kerana perkara itu **tersangat penting** *patutlah dirahsiakan dahulu.*
As the subject is very important it should not be revealed yet.

Jantung ialah suatu oragan yang **tersangat penting** *kepada manusia.*
The heart is an organ which is very important to human beings.

Mesyuarat yang akan diadakan pada petang ini adalah **tersangat penting**.
The meeting which will be held this afternoon is of great importance.

Di manakah surat yang tersangat penting itu disimpan?
Surat yang tersangat penting itu disimpan di balai polis.

MENIMBULKAN MASALAH – GIVE RISE TO A PROBLEM
• POSE A PROBLEM
• TO CREATE A PROBLEM

Perkara tanah pusaka telah **menimbulkan masalah** *kepada keluarga itu.*
The subject of the inheritance has created a problem in that family.

Kejatuhan harga getah telah **menimbulkan masalah** *kepada penduduk-penduduk luar bandar.*
The fall in the price of rubber has created a problem for the rural people.

Janganlah **menimbulkan masalah** *yang tidak dapat diselesaikan.*
Don't create problems that cannot be solved.

Belia-belia yang menganggur boleh **menimbulkan masalah** *sosial.*
Unemployment amongst youth can give rise to social problems.

Pertikaian majikan dengan pekerja-pekerja kilang itu telah **menimbulkan masalah**.
The misunderstanding between the employer and the employees of that company has created a problem.

Harga barang yang melambung naik telah **menimbulkan masalah**.
The sharp increase in prices has created problems in everyday life.

Siapakah yang menimbulkan masalah itu?
Dia yang menimbulkan masalah itu.

ADA KELULUSAN – TO HAVE THE QUALIFICATIONS

Calon-calon yang **ada kelulusan** *yang maksimum pun dipanggil temuduga juga.*
Candidates with the maximum qualifications are also called for an interview.

Sungguhpun anak saya **ada kelulusan** *menjadi guru tetapi dia tidak berminat.*
Although my son has the qualifications to become a teacher he is not interested.

Hendak mencari orang yang **ada kelulusan** *membuat kerja itu sangat sukar.*
It is difficult to find a person qualified enough to do the job.

Bukan semua orang yang **ada kelulusan** *boleh membuat sesuatu kerja dengan jayanya.*
Not everyone with the necessary qualifications can do everything successfully.

Firma itu sedang mencari seorang kerani yang **ada kelulusan** *dan berpengalaman bekerja.*
The firm is looking for a clerk who has the qualifications and working experience.

Dia akan diterima bekerja di mana-mana sahaja kerana dia **ada kelulusan** *yang cukup.*
He will be accepted for work anywhere because he has the necessary qualifications.

Betulkah dia ada kelulusan menjawat jawatan itu?
Memang betul dia ada kelulusan menjawat jawatan itu.

SEBAIK-BAIK CONTOH – THE BEST POSSIBLE MODEL/-EXAMPLE

Ibu bapalah **sebaik-baik contoh** *kepada anak-anak.*
Parents are the best possible models for children.

Kejujurannya itu adalah **sebaik-baik contoh** *kepada kita semua.*
His honesty is the best possible example to us all.

Derma bakti yang ditunjukkan oleh Dahari adalah **sebaik-baik contoh** *kepada orang ramai.*
The good deed shown by Dahari reflects the best possible example to the public.

Kerajinan pegawai itu adalah **sebaik-baik contoh** *kepada kaki-tangan pejabat itu.*
The officer's diligence is the best example to the staff of the department.

Hukuman yang dikenakan kepada penagih-penagih dadah itu adalah **sebaik-baik contoh** *kepada belia-belia kita.*
The sentences imposed on the drug addicts serve as the best possible examples for our youth.

Kerjasama yang diberi oleh orang ramai itu adalah **sebaik-baik contoh** *untuk menghapuskan jenayah di ibu kota.*
Co-operation given by the public serves as the best possible example towards ridding the federal capital of crime.

Adakah perbuatan itu merupakan sebaik-baik contoh kepada kita semua?
Ya, perbuatan itu merupakan sebaik-baik contoh kepada kita semua.

MEMBABI BUTA – WITHOUT CONSIDERATION
• WITHOUT THINKING

Seseorang pegawai tidak patut memarahi kakitangannya dengan **membabi buta**.
An officer should not scold his staff without first considering.

Kerja yang dibuat dengan **membabi buta** *itu tidak mendatangkan hasil yang baik.*
Work that is done without thinking will not bring good results.

Berita yang diterima itu dengan **membabi buta** *sahaja telah disampaikan kepada ibunya.*
The news was conveyed to his mother without thinking.

Hashim telah membuat kerja itu dengan **membabi buta**.
Hashim did the work without thinking.

Pokok-pokok itu tidaklah boleh ditanam dengan **membabi buta** *sahaja.*
The trees cannot be planted without considering first.

Tugas yang diberi itu telah dijalankan dengan **membabi buta**.
The task that was given was carried out without thinking.

Siapa yang menjalankan tugas itu dengan membabi buta?
Eng Tai yang menjalankan tugas itu dengan membabi buta.

BERGABUNG DENGAN – TO INTEGRATE WITH
• TO UNITE WITH
• AFFILIATE

Persatuan perniagaan Bumiputera patutlah **bergabung dengan** *Dewan Perniagaan Kebangsaan.*
The Bumiputera Association of Commerce should integrate/affiliate itself with the National Chamber of Commerce.

Pemborong-pemborong kecil telah **bergabung dengan** *syarikat-syarikat yang besar untuk menjamin perniagaan mereka.*
Small wholesalers have integrated with big companies in order to safeguard their business.

Arkitek Bumiputera **bergabung dengan** *Badan Arkitek Jaya untuk menjalankan perniagaan bersama.*
Bumiputera Architect has integrated with Jaya Architect Body to run the business.

Gabungan Penulis Nasional bercadang hendak **bergabung dengan** *Badan Penulis Antarabangsa.*
The National Writers Association made a proposal to affiliate itself with the International Writers Body.

Mereka tidak bersetuju **bergabung dengan** *parti itu kerana dasarnya berlainan.*
They refused to affiliate with that party due to their policy differences.

Adakah awak bersetuju bergabung dengan Persatuan itu?
Saya tidak bersetuju bergabung dengan Persatuan itu.

AMALAN BAIK – GOOD PRACTICE/HABIT/-DEED

Amalan baik *memang digalakkan bagi seseorang itu melakukan-nya.*
Good habits should be encouraged for a person to practise them.

Melakukan **amalan baik** *memang dipandang tinggi oleh masyara-kat.*
To practise good habits is of course held in esteem by society.

Bersenam pada tiap-tiap pagi memanglah satu **amalan baik**.
To exercise every morning is of course a good habit.

Kita patutlah membiasakan diri melakukan **amalan baik** *setiap masa.*
We should get used to practising good habits every time.

Walau di mana sekalipun kita patut melakukan **amalan baik** *kepada orang ramai.*
Wherever we may be, we should perform good deeds for the public.

Tolong-menolong merupakan **amalan baik** *yang patut diajarkan kepada murid-murid sekolah.*
Mutual help is a good deed that should be taught to school children.

Apakah amalan baik yang telah awak kerjakan?
Menolong orang adalah amalan baik yang telah saya kerjakan.

MEMBUAT LAPORAN – TO MAKE A REPORT

Ketua saya telah mengarahkan saya **membuat laporan** *mengenai kejadian itu.*
My superior has directed me to make a report about the incident.

Polis lalulintas sedang **membuat laporan** *tentang perlanggaran yang berlaku itu.*
The traffic police are making a report about the collision that took place.

Pegawai Pentadbir itu telah **membuat laporan** *yang sebenar berkenaan aduan itu.*
The administrative officer has made a true report about the complaint.

Mangsa kecurian itu disuruh **membuat laporan** *bertulis di balai polis yang berhampiran.*
The victim of the theft was asked to make a written report at the nearest police station.

Kami telah diminta **membuat laporan** *mengenai lawatan kami ke Jepun baru-baru ini.*
We have been asked to make a report about our visit to Japan recently.

Saya tidak dapat menerangkan perkara itu kerana bukan saya yang **membuat laporan** *itu.*
I am unable to explain the matter because it was not I who made the report.

Siapakah yang diminta membuat laporan itu?
Doraisamy yang diminta membuat laporan itu.

LAPORAN PENUH – FULL REPORT

Laporan penuh *Suruhanjaya Gaji yang terbaharu telah diumumkan.*
The full report of the latest salary commission has been announced.

Laporan penuh *mengenai penyiasatan itu akan dibentangkan dalam mesyuarat yang akan datang.*
A full report about the investigation will be tabled at the coming meeting.

Perkara itu boleh diselesaikan apabila **laporan penuh** *mengenainya telah diterima kelak.*
The matter can be settled when a full report about it is received.

Pengawal Bank telah memberi **laporan penuh** *berkenaan rompakan yang berlaku semalam.*
The bank officer has given a full report of the robbery that took place yesterday.

Semua akhbar tempatan telah menyiarkan **laporan penuh** *mengenai perbicaraan itu.*
All local newspapers have published a full report of the trial.

Lembaga Pengarah sedang menyemak **laporan penuh** *yang diterima dari Jabatan Audit Negara.*
The Board of Directors are checking the full report received from the National Audit Department.

Siapakah yang menyiapkan laporan penuh itu?
Laporan penuh itu disiapkan oleh sebuah Jawatankuasa khas.

DIMINTA MENGKAJI – TO BE ASKED TO STUDY/-INVESTIGATE

Guru Besar sekolah itu **diminta mengkaji** *tentang kemerosotan kedatangan murid-muridnya.*
The school headmaster is asked to investigate the cause of the drop in pupils' attendance.

Suruhanjaya yang **diminta mengkaji** *tentang kes kecurangan itu telah mula bertugas hari ini.*
The commission which was asked to investigate the case of cheating began its duties today.

Jawatankuasa baru itu **diminta mengkaji** *semula cadangan-cadangan yang tidak diterima tadi.*
The new committee is asked to study proposals that have not been received.

Jabatan keretapi telah **diminta mengkaji** *mengenai kemalangan itu.*
The Railway department has been asked to investigate the accident.

Kami **diminta mengkaji** *sama ada rancangan itu boleh dijalankan atau tidak.*
We have been asked to study the plan to see whether or not it is practical.

Syarikat itu **diminta mengkaji** *sama ada boleh atau tidak barang pengeluarannya diperbanyakkan lagi.*
The company has been asked to study whether or not its products can be diversified.

Bilakah kami akan diminta mengkaji hal itu?
Kamu akan diminta mengkaji hal itu tidak lama lagi.

DIJADIKAN CONTOH – TO SERVE AS A MODEL/-EXAMPLE/SPECIMEN

Keberanian perajurit itu patut sangat **dijadikan contoh** *kepada kita semua.*
The warrior's courage or bravery should serve as an example to us all.

Kaum guru biasanya **dijadikan contoh** *dan ikutan orang ramai.*
Teachers normally serve as an example and model to the public.

Barang-barang yang saya pinjam untuk **dijadikan contoh** *di pameran itu telah hilang.*
The things I borrowed to serve as models in the exhibition are lost.

Usahanya itu **dijadikan contoh** *untuk memberi perangsang kepada pelatih-pelatih baru.*
His effort serves as an example to provide an incentive to the new trainees.

Memang kena pada tempatnya jika kampung itu **dijadikan contoh** *kepada pelawat-pelawat.*
It is of course appropriate for the kampung to serve as a model to visitors.

Kejujurannya itu patut **dijadikan contoh** *kepada anak-anak muda kita hari ini.*
His honesty should serve as an example to the children of today.

Adakah tindakan itu boleh dijadikan contoh kepada kita?
Tindakan itu tidak elok dijadikan contoh sama sekali.

SATU CABARAN – A CHALLENGE

Tiap-tiap **satu cabaran** *yang kita hadapi itu mestilah diatasi dengan hati yang cekal.*
Every challenge we face must be overcome with steadfastness.

Ugutan mogok itu merupakan **satu cabaran** *kepada pihak majikan.*
The strike threat represents a challenge to the management.

Tindakan yang dikenakan kepada Ridzuan adalah **satu cabaran** *kepadanya.*
The action imposed on Ridzuan is a challenge to him.

Kesilapan yang telah dilakukan itu menjadi **satu cabaran** *supaya dia lebih beringat-ingat lagi.*
The mistake made has become a challenge for him to be more careful.

Kegiatan anasir jahat di negara ini menjadi **satu cabaran** *kepada perpaduan rakyat.*
The activities of evil elements in this country have become a challenge to the people's unity.

Tugas menghapuskan komunis menjadi **satu cabaran** *kepada kita semua.*
The task of eliminating communists constitutes a challenge to us all.

Adakah perbuatan itu merupakan satu cabaran kepadanya?
Ya, perbuatan itu merupakan satu cabaran kepadanya.

BELUM DIKETAHUI – NOT YET KNOWN
• YET UNKNOWN

Keputusan peperiksaan saya **belum diketahui** *lagi sehingga hari ini.*
My examination results are still not known till today.

Perjumpaan itu **belum diketahui** *sama ada hendak diadakan ataupun tidak.*
It is not known yet whether or not the meeting will be held.

Sama ada dia bersalah atau tidak **belum diketahui** *sehingga dia dihadapkan ke mahkamah.*
Whether or not he is guilty will not be known until he is brought to court.

Hukuman yang akan dijatuhkan itu **belum diketahui** *lagi sebab kes itu sedang dibicarakan.*
The sentence to be imposed is not yet known because the case is still being heard.

Sama ada saya jadi bertukar atau tidak **belum diketahui** *lagi.*
Whether or not I can go on transfer is still not known.

Laporan itu sama ada boleh diterima atau tidak **belum diketahui** *lagi.*
Whether or not the report can be accepted is not yet known.

Betulkah keputusan itu belum diketahui lagi?
Memang betul, keputusan itu belum diketahui lagi.

BERGANTUNG KEPADA – DEPENDS ON

Keamanan di rantau ini **bergantung kepada** *pakatan negara-negara ASEAN.*
Peace in this region depends on co-operation among the ASEAN countries.

Keuntungan yang diperolehi **bergantung kepada** *usaha yang dicurahkan.*
Profits obtained depend on the efforts made.

Kejayaan projek itu **bergantung kepada** *pihak yang menjalankannya.*
The success of the project depends on the party which carries it out.

Penyusunan semula masyarakat Malaysia **bergantung kepada** *tiap-tiap seorang rakyatnya.*
Restructuring of the Malaysian society depends on each and everyone of the people.

Kestabilan ekonomi negara **bergantung kepada** *pengeluaran hasilnya.*
The stability of the national economy depends on the country's production.

Kemakmuran negara ini **bergantung kepada** *persefahaman semua kaum.*
The nation's prosperity depends on understanding among all races.

Kerja ini bergantung kepada siapa?
Kerja itu bergantung kepada Jawatankuasanya.

SATU KESIMPULAN – A CONCLUSION/DECISION

Satu kesimpulan *yang bijak telah dibuat oleh ahli-ahli forum itu.*
A wise decision has been reached by members of the forum.

Satu kesimpulan *menyokong tindakan Kerajaan terhadap anasir anti-nasional telah dipersetujui.*
A decision has been taken to support the Government's action against anti-national elements.

Perjumpaan itu telah berjaya membuat **satu kesimpulan** *yang paling adil.*
A fair decision was successfully reached at the meeting.

Dalam perbincangan itu tidak ada **satu kesimpulan** *pun yang dibuat.*
No conclusion was reached during the discussion.

Kami telah dapat **satu kesimpulan** *tentang aduan liar yang dikemukakan itu.*
We have come to a conclusion regarding the outrageous complaint that has been lodged.

Berilah **satu kesimpulan** *sama ada Encik bersetuju atau tidak dengan tawaran itu.*
Make a decision as to whether or not you agree to the offer.

Apakah dia satu kesimpulan yang telah diambil baru-baru ini?
Melancarkan skim Rukun Tetangga merupakan satu kesimpulan yang diambil baru-baru ini.

MEMBUAT KEBAJIKAN – TO DO WELFARE WORK

Belia-belia itu diminta **membuat kebajikan** *untuk orang ramai.*
The youths are asked to do welfare work for the public.

Pasukan Bulan Sabit **membuat kebajikan** *dengan mengumpulkan pakaian-pakaian lusuh.*
The Red Crescent team does welfare work by collecting used clothing.

Malam Amal ini ialah untuk **membuat kebajikan** *kepada orang-orang cacat.*
This charity night is a means of doing welfare work for the handicapped.

Pasukan Sukarela sentiasa **membuat kebajikan** *kepada sesiapa sahaja.*
The Voluntary Organisation always renders welfare services for anybody.

Pasukan Pengakap menggalakkan ahli-ahlinya **membuat kebajikan** *kepada orang ramai.*
The scouts movement encourages its members to do welfare work for the public.

Jasanya patut dikenang kerana semasa hidupnya dia sentiasa **membuat kebajikan** *kepada orang ramai.*
His services should be remembered because he was always doing welfare work for the people during his life time.

Kelab itu membuat kebajikan untuk siapa?
Kelab itu membuat kebajikan untuk anak-anak yatim.

DARI SEGI EKONOMI – FROM THE ECONOMICAL POINT OF VIEW

Dasar baru itu akan membawa faedah kepada petani-petani **dari segi ekonomi**.
The new policy will bring benefit to the farmers from the economical point of view.

Dari segi ekonomi *pembinaan rumah-rumah murah adalah satu rancangan yang baik.*
From the economical point of view the building of low cost houses is good.

Projek itu tidak akan menguntungkan sesiapa pun **dari segi ekonomi**.
The project will not benefit anyone from the economical point of view.

Ramai orang berpendapat pembinaan banyak pawagam tidak baik **dari segi ekonomi**.
Many people are of the opinion the construction of too many theatres is not good from the economical point of view.

Dari segi ekonomi *kemudahan pengangkutan amat berguna serta mustahak.*
From the economical point of view transport facilities are essential as well as important.

Rancangan Malaysia Ketiga amat berfaedah dari segi ekonomi.
Dari segi ekonomi rancangan itu akan menguntungkan nelayan-nelayan.

DARI SEGI KEMASYARAKATAN – FROM THE SOCIAL POINT OF VIEW

Dari segi kemasyarakatan *tindakan seperti itu akan membawa kesan yang buruk.*
From the social point of view such actions will bring adverse results.

Dari segi kemasyarakatan *sukan boleh mengeratkan perpaduan di antara kaum.*
From the social point of view, sports can strengthen the solidarity amongst the races.

Dari segi kemasyarakatan *adat resam turun-temurun dianggap amat penting.*
From the social point of view, deep-rooted customs are very important.

Dari segi kemasyarakatan *perayaan-perayaan juga dianggap penting.*
From the social point of view festivals are also regarded as important.

Dari segi kemasyarakatan *kepercayaan kepada Tuhan seperti yang ditegaskan dalam Rukunegara, amat berguna.*
From the social point of view belief in God as stressed in Rukunnegara is very important.

Semangat bergotong-royong dipercayai amat perlu dari segi kemasyarakatan.
Dari segi kemasyarakatan perpaduan antara kaum digalakkan.

DARI SEGI POLITIK – FROM THE POLITICAL POINT OF VIEW

Perbahasan dianggap amat mustahak **dari segi politik**.
From the political point of view, debate is regarded as very important.

Dari segi politik *perbincangan berbagai-bagai perkara tidaklah salah.*
From the political point of view the discussion of various topics is not an offence.

Dasar demokrasi patut dibincangkan **dari segi politik**.
The policy of democracy should be discussed from the political point of view.

Dari segi politik *mendedahkan rasuah tidaklah salah.*
From the political point of view the exposure of corruption is not an offence.

Dari segi politik *ucapan Abraham Lincoln merupakan unsur yang amat penting.*
From the political point of view the speech of Abraham Lincoln is regarded as an important element.

Dari segi politik, *parlimen merupakan sebagai lambang orang ramai.*
From the political point of view the Parliament is identified as the symbol of the public.

Tindakan yang diambil tidak baik dari segi politik.
Dari segi politik kegiatan-kegiatan seperti itu dianggap amat penting.

DARI SEGI AKHLAK – FROM THE MORAL POINT OF VIEW

Dari segi akhlak *pengaruh luar kadangkala membawa kesan yang buruk.*
From the moral point of view foreign influences at times have adverse effects.

Dari segi akhlak *pergaulan seperti itu mencemarkan nama baik masyarakat.*
From the moral point of view such social gatherings can smear the good name of society.

Dari segi akhlak *ajaran baru itu boleh membahayakan keselamatan negara.*
From the moral point of view some of the new knowledge being acquired can endanger the safety of the country.

Dari segi akhlak *kata-kata hikmat mengandungi nasihat yang amat berguna.*
From the moral point of view the maxims contain sound advice.

Dari segi akhlak *Rukunegara merupakan sebagai satu amalan yang sungguh baik.*
From the moral point of view the Rukunegara appears to be a very good concept to adhere to.

Dari segi akhlak *ikrar yang diambil oleh kakitangan kerajaan akan memupukkan semangat kesetiaan.*
From the moral point of view the oath taken by the government servants can foster a sense of loyalty.

Kegiatan-kegiatan mereka tidak baik dari segi akhlak.
Dari segi akhlak amalan itu tidak senonoh langsung.

DARI SEGI KEBUDAYAAN – FROM THE CULTURAL POINT OF VIEW
• CULTURALLY

Dari segi kebudayaan *adat resam Semenanjung Malaysia dan Malaysia Timur patut dicantumkan.*
Culturally the customs of Peninsular Malaysia and East Malaysia should be merged.

Dari segi kebudayaan *adat resam itu pasti berfaedah kepada rakyat.*
From the cultural point of view the customs will certainly benefit the people.

Dari segi kebudayaan *pantun adalah unsur penting bagi kita.*
From the cultural point of view the *pantun* is an important element to us.

Dari segi kebudayaan *syair adalah satu unsur yang paling berguna.*
From the cultural point of view the *syair* is a beneficial element.

Dari segi kebudayaan *permainan layang-layang menggambarkan keutuhan bangsa kita.*
From the cultural point of view kite flying reflects the intergrity of our race.

Dari segi kebudayaan *permainan gasing pun menunjukkan bakat semulajadi bangsa kita.*
From the cultural point of view, top spinning shows the natural talents of our race.

Adat resam itu patut diterima dari segi kebudayaan.
Dari segi kebudayaan upacara orang Kadazan mengandungi nilai yang tinggi.

DARI SEGI AGAMA – FROM THE RELIGIOUS POINT OF VIEW

Dari segi agama *menipu orang miskin adalah satu dosa besar.*
From the religious point of view it is a sin to cheat the poor.

Patutlah kita kaji perkara itu **dari segi agama**.
It is proper that we examine the matter from the religious point of view.

Dari segi agama *tindakan yang diambil itu berat sebelah.*
From the religious point of view the action taken was not fair at all.

Berbagai-bagai hal dibahaskan **dari segi agama** *dalam mesyuarat itu.*
Various matters were discussed from the religious point of view during that meeting.

Ramai orang berpendapat perkara yang dikaji **dari segi agama** *membawa hasil yang baik.*
Many people are of the opinion that if matters are examined from the religious point of view good results are obtained.

Nasihatnya memang tidak munasabah **dari segi agama**.
His advice is certainly not appropriate from the religious point of view.

Tingkahlaku itu tidak senonoh dari segi agama.
Tindakan itu adalah berdosa dari segi agama.

SAMA ADA KITA SUKA ATAU TIDAK – WHETHER WE LIKE IT OR NOT

Sama ada kita suka atau tidak, *kita mestilah patuh kepada undang-undang negara.*
Whether we like it or not we have to abide by the laws of the country.

Sama ada kita suka atau tidak *kita mestilah mengamalkan adat resam negara.*
Whether we like it or not we have to practise the customs of the country.

Sama ada kita suka atau tidak, *kita mestilah menjalankan kewajipan kita.*
Whether we like it or not, we have to carry out our obligations.

Sama ada kita suka atau tidak, *kita patutlah berjimat cermat.*
Whether we like it or not, we ought to be frugal.

Sama ada kita suka atau tidak, *kita wajiblah menunaikan janji.*
Whether we like it or not, we have to fulfil our promises.

Sama ada kita suka atau tidak, *kita terpaksa bekerja untuk mendapatkan wang.*
Whether we like it or not, we are compelled to work to get money.

Sama ada kita suka atau tidak, kita mestilah belajar Bahasa Malaysia dan Bahasa Inggeris.
Sama ada kita suka atau tidak, kita wajiblah mengamalkan Rukun Tetangga.

RAMAI DI ANTARA KITA TIDAK MENYEDARI – MANY OF US ARE NOT AWARE

Ramai di antara kita tidak menyedari *Rukunegara boleh menyatu-padukan rakyat.*
Many of us are not aware that Rukunegara can unite the people.

Ramai di antara kita tidak menyedari *Kerajaan benar-benar berusaha untuk memperbaiki taraf hidup rakyat.*
Many of us are not aware that the government is really working to raise the standard of living of the people.

Ramai di antara kita tidak menyedari *kita pernah dijajahi oleh Portugis, Belanda, Inggeris dan Jepun.*
Many of us are not aware that we were ruled by the Portuguese, the Dutch, the English and the Japanese.

Ramai di antara kita tidak menyedari *kemiskinan masih merupakan masalah rumit dalam negara kita.*
Many of us are not aware that poverty still appears to be a complex problem in our country.

Ramai di antara kita tidak menyedari *Parameswara memajukan Melaka.*
Many of us are not aware that Parameswara developed Malacca.

Ramai di antara kita tidak menyedari *Sang Nila Utama menamakan Singapura.*
Many of us are not aware that Sang Nila Utama named Singapore.

Ramai di antara kita tidak menyedari tanggungjawab dan kewajipan kita.
Ramai di antara kita tidak menyedari betapa pentingnya Rukunnegara.

TENTULAH SUKAR UNTUK DIPERCAYAI – IT IS CERTAINLY DIFFICULT TO BELIEVE

Tentulah sukar untuk dipercayai *mimpi meramalkan apa yang akan berlaku.*
It is certainly difficult to believe that dreams foretell what will happen.

Tentulah sukar untuk dipercayai *ramai pelajar gagal dalam Bahasa Malaysia.*
It is certainly difficult to believe that many students failed in Bahasa Malaysia.

Tentulah sukar untuk dipercayai *pasukan kita mengalami kekalahan teruk.*
It is certainly difficult to believe that our team suffered a crushing defeat.

Tentulah sukar untuk dipercayai *tidak sesiapa pun yang lulus dalam peperiksaan itu.*
It is certainly difficult to believe that no one passed the examination.

Tentulah sukar untuk dipercayai *tiga orang banduan terlepas dari penjara.*
It is certainly difficult to believe that the three convicts escaped from the prison.

Tentulah sukar untuk dipercayai mereka tidak menjalankan tugas dengan sempurna.
Tentulah sukar untuk dipercayai rumah itu berpuaka.

SEBILANGAN BESAR – A GREAT MAJORITY
• A BIG/LARGE NUMBER

Sebilangan besar *nelayan masih mengalami berbagai-bagai kesulitan.*
A large number of fishermen still face various difficulties.

Sebilangan besar *rakyat Malaysia masih belum lagi menguasai Bahasa Malaysia.*
A large number of Malaysians have still not mastered Bahasa Malaysia.

Sebilangan besar *penuntut di Maktab itu mahir dalam Bahasa Inggeris.*
A great majority of the students in the college are proficient in English.

Sebilangan besar *orang India suka makan sayur.*
Many Indians like to eat vegetables.

Sebilangan besar *penduduk di kampung itu beragama Islam.*
A great majority of the villagers are Muslims.

Sebilangan besar *penduduk kampung itu pandai berenang.*
A large number of the villagers are good swimmers.

Sebilangan besar rakyat menyedari tanggungjawab mereka.
Sebilangan besar penuntut tidak puas hati dengan cadangan itu.

TIDAK ADA KAITAN DENGAN – HAS NO CONNECTION WITH

Syor-syornya **tidak ada kaitan dengan** *politik.*
His suggestions have no connection with politics.

Perbincangan mereka **tidak ada kaitan dengan** *Dasar Ekonomi Baru.*
Their discussion has no connection with the New Economic Policy.

Rancangan itu **tidak ada kaitan dengan** *masalah pengangguran.*
The programme has no connection with unemployment problems.

Apa yang dinyatakan itu **tidak ada kaitan dengan** *dasar kerajaan.*
What has been stated has no connection with the government policy.

Sesungguhnya apa yang dikatakan **tidak ada kaitan dengan** *rancangan ini.*
In fact what has been said has no connection with this plan.

Dia menegaskan apa yang dicadangkan **tidak ada kaitan dengan** *dasar baru kerajaan.*
He stressed that what has been proposed has no connection with the new policy of the government.

Ucapan Tracy tidak ada kaitan dengan masalah kita.
Hal ini tidak ada kaitan dengan mereka.

PADA SUATU MASA KELAK – IN DUE COURSE
• EVENTUALLY

Kejadian itu akan berlaku **pada suatu masa kelak**.
The incident will take place eventually.

Kerajaan akan mengetahui juga tentang kegiatan-kegiatan mereka **pada suatu masa kelak**.
The government will be aware of their activities in due course.

Kami tidak tahu apa yang akan berlaku **pada suatu masa kelak**.
We do not know what will happen eventually.

Nescaya **pada suatu masa kelak,** *Melvin akan memiliki harta itu.*
In due course Melvin will certainly own the property.

Pada suatu masa kelak *golongan itulah yang akan menjadi pentadbir.*
Eventually it is that group who will become the administrators.

Pada suatu masa kelak *mereka akan mengubah sikap angkuh mereka.*
Eventually they will change their haughty attitude.

Dia akan berjaya pada suatu masa kelak.
Mungkin pada suatu masa kelak, dia akan menjadi Pengetua Maktab ini.

TERDIRI DARIPADA – COMPRISE • CONSISTS OF • THAT FORMS • INCLUDES • WHICH MAKES UP

Rakyat Malaysia **terdiri daripada** *berbilang bangsa.*
Malaysia comprises a multiracial population.

Jawatankuasa yang **terdiri daripada** *dua puluh orang akan membincangkan hal itu.*
The committee consisting of twenty members will discuss the matter.

Kumpulan yang datang itu **terdiri daripada** *wakil-wakil kesatuan tempatan.*
The group which came comprises representatives of local unions.

Pegawai-pegawai dalam Jabatan yang **terdiri daripada** *berbagai bangsa menjalankan tugas dengan sempurna.*
The department comprises officers of various races who perform their duties well.

Pelayan-pelayan di hotel yang **terdiri daripada** *berbagai bangsa mendapat upah yang baik.*
The waitresses in the hotel who consist of various races are getting good wages.

Pemogok-pemogok yang mengganggu keselamatan negara **terdiri daripada** *berbagai bangsa.*
The strikers who endanger national safety comprise various races.

Rombongan itu yang terdiri daripada dua puluh orang, bertolak ke Tokyo.
Pasukan itu terdiri daripada lima belas orang sahaja.

ADALAH BIJAKSANA KERANA – IS WISE BECAUSE

Langkah-langkah itu **adalah bijaksana kerana** *memupukkan perasaan keyakinan.*
The steps taken are wise because they instil a feeling of confidence.

Ramai orang berpendapat, syarat-syarat itu **adalah bijaksana kerana** *sesiapa pun tidak berani menipu.*
Many people are of the opinion the rules are wisely drawn up because then no one will dare to cheat.

Tindakan keras itu **adalah bijaksana kerana** *pekerja-pekerja tidak akan lagi melanggar undang-undang.*
That the action taken is severe is wise because then employees will not violate the laws.

Keputusan yang diambil **adalah bijaksana kerana** *ramai orang diberi kesempatan untuk melanjutkan pelajaran.*
The decision taken is wise for then many are given the opportunity to further their studies.

Cadangan itu **adalah bijaksana kerana** *petani-petani dapat mengeluarkan pendapat-pendapat mereka.*
The suggestion is wise because now the farmers are able to voice their views.

Tindakan itu adalah bijaksana kerana memberi kesan baik.
Kegiatan itu adalah bijaksana kerana memberi faedah kepada ramai orang.

TIDAK ADA APA-APA – THERE IS NOTHING

Tidak ada apa-apa *pun untuk dibincangkan dalam mesyuarat.*
There is nothing to be discussed in the meeting.

Tidak ada apa-apa *bukti untuk menghukum orang itu.*
There is nothing to prove that the person is guilty.

Tidak ada apa-apa *pun dalam laporan itu tentang rasuah.*
There is nothing in the report about corruption.

Tidak ada apa-apa *keraguan dalam dasar baru syarikat swasta itu.*
There are no doubts whatsoever concerning the new policy of the private firm.

Tidak ada apa-apa *kerugian dalam projek-projek baru itu.*
No loss whatsoever was incurred by the new projects.

Tidak ada apa-apa *kemusykilan dalam perkara yang dibincangkan oleh mereka.*
There are no doubts whatsoever regarding the matter which they are discussing.

Tidak ada apa-apa masalah lagi.
Tidak ada apa-apa hal yang boleh menghindarnya.

YANG MENGHALANG – WHICH HINDERS • THWARTS • PREVENTS • DELAYS • BLOCKS • OBSTRUCTS

Pegawai **yang menghalang** *projek baru itu ditangkap oleh polis.*
The officer who hindered the new project was arrested by the police.

Segala kegiatan **yang menghalang** *kemajuan tidak patut dibiarkan begitu sahaja.*
Any activity that thwarts progress should not be allowed without a check.

Tindakan tegas patut diambil terhadap orang **yang menghalang** *sebarang kemajuan.*
Positive actions should be taken against those who hinder progress.

Ramai yang berpendapat pemogok-pemogok itu **menghalang** *kemajuan negara.*
Many people are of the opinion that the strikers are hindering national progress.

Budak jahat yang sering **menghalang** *orang ramai diberi amaran penghabisan.*
The naughty boy who always hinders others has been given a last warning.

Komunis-komunis masih lagi **menghalang** *kemajuan dalam negara kita ini.*
The communists are still hindering progress in our country.

Perkara-perkara yang menghalang kemajuan patut dielakkan.
Warganegara yang setia tidak suka menghalang kemajuan negara.

DIANGGAP TIDAK SESUAI – IS REGARDED NOT PROPER
• INAPPROPRIATE
• UNSUITABLE

Kegiatan pemuda-pemuda itu **dianggap tidak sesuai**.
The activities of the youths are regarded as not proper.

Dasar baru syarikat swasta itu **dianggap tidak sesuai** *oleh pekerja-pekerja.*
The private firm's new policy is regarded as unsuitable by the employees.

Syarat-syarat baru itu **dianggap tidak sesuai** *oleh kebanyakan ahli.*
The new rules are regarded as unsuitable by most of the members.

Keputusan yang diambil oleh jawatankuasa itu **dianggap tidak sesuai**.
The decision taken by the committee is regarded as unsuitable.

Undang-undang baru itu **dianggap tidak sesuai** *oleh satu golongan.*
The new laws are regarded as unsuitable by a particular group.

Rundingan yang diadakan itu **dianggap tidak sesuai**.
The negotiations held were regarded as unsuitable.

Kegiatan-kegiatan haram itu dianggap tidak sesuai oleh orang ramai.
Tindakan tegas yang diambil dianggap tidak sesuai.

BILA-BILA WAKTU PUN – AT ANY TIME

Anda boleh makan **bila-bila waktu pun**.
You can eat at any time.

Anda tidak boleh berjumpanya **bila-bila waktu pun**.
You cannot meet him at any time.

Dia pasti ada di rumah **bila-bila waktu pun.**
He will definitely be at home at any time.

Jangan sangka anda boleh pergi ke tempat itu **bila-bila waktu pun.**
Do not think that you can go to the place at any time.

Jangan fikir anda boleh bercakap dengan pengurus itu **bila-bila waktu pun.**
Do not think that you can speak to the manager at any time.

Janganlah pergi ke tempat itu sesuka hati pada **bila-bila waktu pun**.
Please do not go to the place at any time you like.

Anda boleh datang bila-bila waktu pun.
Anda boleh gunakan kereta saya bila-bila waktu pun.

BUKANLAH TIDAK MUNGKIN – IT IS NOT IMPOSSIBLE

Bukanlah tidak mungkin *menguasai beberapa bahasa.*
It is not impossible to master several languages.

Bukanlah tidak mungkin *mendaki gunung itu.*
It is not impossible to ascend the mountain.

Bukanlah tidak mungkin *menambahkan pengeluaran padi.*
It is not impossible to increase the yield of padi.

Bukanlah tidak mungkin *menjadikan Bahasa Malaysia Bahasa ASEAN.*
It is not impossible to make Bahasa Malaysia as the ASEAN language.

Bukanlah tidak mungkin *mendarat di bulan.*
It is not impossible to land on the moon.

Bukanlah tidak mungkin *lulus dalam Peperiksaan Kerajaan.*
It is not impossible to pass the Government Examination.

Bukanlah tidak mungkin membuat kerja itu.
Bukanlah tidak mungkin menjayakan Dasar Ekonomi Baru.

DENGAN CARA BERANSURAN — ON AN INSTALLMENT BASIS

Dia membeli radio itu **dengan cara beransuran**.
He bought the radio on an installment basis.

Pada masa ini ramai orang membeli barang **dengan cara beransuran**.
Nowadays many people buy things on an installment basis.

Orang bijak tidak membeli barang **dengan cara beransuran**.
Wise people do not buy things on an installment basis.

Setakat yang boleh jangan membeli barang **dengan cara beransuran**.
As far as possible do not buy things on an installment basis.

Orang miskin terpaksa membeli barang **dengan cara beransuran.**
Poor people are compelled to buy things on an instalment basis.

Orang kaya jarang membeli barang **dengan cara beransuran**.
Rich people seldom buy things on an installment basis.

Kita rugi kalau membeli barang dengan cara beransuran.
Berbagai-bagai barang boleh dibeli dengan cara beransuran.

DENGAN PENUH KESYUKURAN – WITH GREAT GRATITUDE

Munsyi Abdullah diingati **dengan penuh kesyukuran** *oleh rakyat Malaysia.*
Munsyi Abdullah is remembered with great gratitude by the Malaysians.

Jasa ibu bapa pasti diingati **dengan penuh kesyukuran**.
The services of parents should be remembered with great gratitude.

Sumbangan besar Allahyarham Tun Abdul Razak diingati **dengan penuh kesyukuran** *oleh rakyat jelata Malaysia.*
The meritorious contributions of the late Tun Abdul Razak are remembered with great gratitude by Malaysians.

Ahli-ahli sains diingati **dengan penuh kesyukuran** *di mana jua pun.*
Scientists are remembered with great gratitude everywhere.

Orang yang berjasa pasti diingati **dengan penuh kesyukuran**.
Dedicated people should be remembered with great gratitude.

Saya masih ingat **dengan penuh kesyukuran** *jasa baik ibu saya yang sudah meninggal dunia.*
I still remember with great gratitude the services of my late mother.

Jasa bakti perajurit-perajurit yang terkorban pasti diingati dengan penuh kesyukuran.
Orang yang mengenang budi mengingati jasa orang dengan penuh kesyukuran.

DENGAN CARA BESAR-BESARAN – ON A GRAND SCALE

Umat Islam merayakan Hari Raya Puasa **dengan cara besar-besaran**.
The Muslims celebrate Hari Raya Puasa on a grand scale.

Thaipusam dirayakan **dengan cara besar-besaran** *pada bulan Januari.*
Thaipusam is celebrated on a grand scale in January.

Perkahwinan anak orang kaya itu diadakan **dengan cara besar-besaran**.
The marriage of the rich man's son was held on a grand scale.

Rakyat Malaysia merayakan Hari Malaysia **dengan cara besar-besaran**.
Malaysians celebrate their National Day on a grand scale.

Hari Wanita juga dirayakan **dengan cara besar-besaran** *dalam negara kita.*
Women's Day is also celebrated on a grand scale in this country.

Hari Kanak-kanak dirayakan **dengan cara besar-besaran** *setiap tahun.*
Children's Day is celebrated on a grand scale every year.

Upacara itu diadakan dengan cara besar-besaran.
Jutawan itu menyambut harijadinya dengan cara besar-besaran.

MENGAMBIL BERAT – TAKE PAINS
• TAKE KEEN INTEREST

Ibu bapa wajib **mengambil berat** *dalam pelajaran anak-anak mereka.*
Parents are under obligation to take a keen interest in their children's education.

Mereka tidak **mengambil berat** *dalam hal itu.*
They did not take keen interest in the matter.

Guru-guru yang **mengambil berat** *tentang kebajikan pelajar-pelajar selalu dihormati.*
Teachers who take a keen interest in the welfare of their students are always respected.

Kita mesti **mengambil berat** *dalam segala tugas-tugas kita.*
We must always show keen interest in all our duties.

Budak rajin itu selalu **mengambil berat** *dalam kerja-kerjanya.*
The hardworking boy always takes great pains in all his work.

Pegawai kanan itu **mengambil berat** *dalam rancangan baru itu.*
The senior officer takes a keen interest in the new programme.

Mereka memang mengambil berat dalam tugas itu.
Kalau tidak mengambil berat tidak boleh berjaya.

MEMANG SEDAR – CERTAINLY/DEFINITELY AWARE

Dia **memang sedar** *rancangan itu tidak akan berjaya.*
He is certainly aware that the programme will not succeed.

Ramai orang **memang sedar** *perihal faedah Dasar Ekonomi Baru.*
Many people are definitely aware of the advantages of the New Economic Policy.

Nelayan-nelayan itu **memang sedar** *kerajaan pasti akan memberi bantuan.*
The fishermen are definitely aware the government will give them aid.

Peniaga-peniaga itu **memang sedar** *cukai baru itu berpatutan.*
The traders are certainly aware that the new tax is reasonable.

Belia dalam negeri itu **memang sedar** *sumbangan mereka amat perlu kepada negara.*
The youths in that country are certainly aware that their contributions are very essential to their country.

Penduduk-penduduk kampung itu **memang sedar** *kerajaan memberikan segala kemudahan kepada mereka.*
The people of the village are certainly aware that the government is providing all facilities for them.

Ada setengah orang memang sedar apa yang dilakukannya.
Sebastian memang sedar nasihat yang diberikan oleh bapanya amat berguna.

TANPA SOKONGAN – WITHOUT SUPPORT

Kerja itu tidak boleh diuruskan **tanpa sokongan**.
The work cannot be carried out without support.

Persatuan itu tidak boleh hidup **tanpa sokongan**.
That association cannot survive without support.

Tanpa sokongan *parti politik itu tidak akan berjaya.*
That political party cannot succeed without support.

Rancangan itu mungkin tidak berjaya **tanpa sokongan** *orang ramai.*
That programme will probably not succeed without support from the public.

Projek baru itu boleh gagal **tanpa sokongan** *penduduk-penduduk kawasan itu.*
That new project will fail without the support of the people in the area.

Kegiatan-kegiatan baik itu tidak dapat dilaksanakan **tanpa sokongan** *orang ramai.*
Those good activities cannot be implemented without the support of the public.

Sesiapa pun tidak boleh maju tanpa sokongan orang ramai.
Tanpa sokongan sukar benar menjalankan tugas kita.

ANCAMAN YANG KUAT – SERIOUS THREAT

Sebarang **ancaman yang kuat** *pasti dihapuskan dengan segera.*
Any serious threat should be eliminated at once.

Ancaman yang kuat *itu amat bahaya kepada negara.*
That serious threat poses a great danger to the country.

Ancaman yang kuat *itu boleh memecah-belahkan perpaduan negara.*
That serious threat can lead to disunity in the country.

Kerajaan mengambil tindakan tegas untuk menghapuskan **ancaman yang kuat** *itu.*
The government took stern measures against the serious threat.

Mereka tidak gentar terhadap **ancaman yang kuat** *itu.*
They are not afraid of the serious threat.

Ramai orang berpendapat **ancaman yang kuat** *itu boleh menghancurkan perpaduan.*
Many people are of the opinion that the serious threat can disrupt unity.

Gerakan baru itu merupakan ancaman yang kuat.
Kegiatan-kegiatan pelampau itu merupakan ancaman yang kuat.

SETAHU KAMI – ACCORDING TO WHAT WE KNOW

Setahu kami *sesiapa pun dibenarkan melawat negeri itu.*
According to what we know, anyone is allowed to visit that country.

Setahu kami *pergerakan pengakap digalakkan dalam negara ini.*
According to what we know, the scout movement is encouraged in this country.

Setahu kami *mereka tidak dibenarkan menangkap ikan di daerah ini.*
According to what we know, they are not permitted to catch fish in this district.

Setahu kami *Bahasa Inggeris dan Bahasa Perancis diajar di sekolah itu.*
According to what we know, English and French are taught in that school.

Setahu kami *pemimpin-pemimpin di negara itu bukan pelampau.*
According to what we know, the leaders in that country are not extremists.

Setahu kami *ada banyak persamaan di antara Bahasa Malaysia dan Bahasa Tagalog.*
According to what we know, there are many similarities between Bahasa Malaysia and Bahasa Tagalog.

Setahu kami laporan itu belum lagi diedarkan.
Setahu kami ramai orang sudah lulus dalam peperiksaan itu.

MENIMBULKAN KEKELIRUAN – GIVES RISE TO/LEADS TO CONFUSION
• MISINTERPRETATION

Kenyataan yang **menimbulkan kekeliruan** *itu telah ditarik balik.*
The notice which gave rise to confusion has been withdrawn.

Perkara yang **menimbulkan kekeliruan** *kepada orang ramai telah diterangkan semula.*
The matter which led to confusion among the public, has been clarified.

Jika perkara itu boleh **menimbulkan kekeliruan** *eloklah dibincangkan terlebih dahulu.*
If this matter is going to give rise to misinterpretation, it's better if it's discussed beforehand.

Kenyataan yang dikeluarkan itu telah **menimbulkan kekeliruan** *kepada semua orang.*
The notice which was issued has confused everybody.

Warna yang hampir-hampir sama itu boleh **menimbulkan kekeliruan**.
Colours which are almost similar can create confusion.

Janganlah mengeluarkan sesuatu yang boleh **menimbulkan kekeliruan**.
Don't issue anything which may give rise to confusion.

Adakah perkara itu menimbulkan kekeliruan?
Ya, perkara itu telah menimbulkan kekeliruan.

MENIMBULKAN KESEDARAN – CREATE A SENSE OF AWARENESS/CAUTION/RESPONSIBILITY

Kegagalan dalam ujian tempoh hari telah **menimbulkan kesedaran** *kepada Dewi.*
Her failure in the previous test has helped Dewi develop a sense of responsibility.

Kesilapan yang dilakukan itu telah **menimbulkan kesedaran** *kepadanya.*
The mistake made has evoked a sense of caution in her.

Perkara itu diperkatakan selalu kerana hendak **menimbulkan kesedaran** *kepada orang ramai.*
This matter is always talked about so as to instill in the public a sense of awareness.

Kesalahan yang dibuat oleh seseorang itu boleh **menimbulkan kesedaran** *kepada orang lain.*
A person's mistakes can create a sense of awareness in others.

Kemalangan jalan raya itu telah **menimbulkan kesedaran** *kepada pengguna-penggunanya.*
The road accidents have evoked a sense of caution among motorists.

Adakah kejadian itu boleh menimbulkan kesedaran kepada kita?
Ya, kejadian itu telah menimbulkan kesedaran kepada kita.

TIDAK BOLEH MEMBANTU – CANNOT HELP/ASSIST

Kita **tidak boleh membantu** *nelayan-nelayan itu.*
We cannot help those fishermen.

Mereka **tidak boleh membantu** *semua pengemis di kawasan itu.*
They cannot assist all the beggers in the area.

Kita **tidak boleh membantu** *budak-budak jahat.*
We cannot assist naughty boys.

Pegawai polis itu **tidak boleh membantu** *anasir-anasir jahat itu.*
The police officer is unable to help those bad elements.

Kita **tidak boleh membantu** *pendatang-pendatang haram.*
We cannot assist the illegal immigrants.

Persatuan itu **tidak boleh membantu** *semua ahli.*
The association cannot help all its members.

Mereka tidak boleh membantu kita.
Kerajaan tidak boleh membantu semua pelajar.

CUKUP JELAS DAN NYATA – VERY CLEAR

Ucapan pemimpin itu **cukup jelas dan nyata**.
The leader's speech was very clear.

Kenyataan jabatan itu **cukup jelas dan nyata**.
The departmental notice is very clear.

Laporan jawatankuasa itu tidak **cukup jelas dan nyata**.
The report of the committee is not very clear.

Ringkasan berita penting itu tidak **cukup jelas dan nyata**.
The summary of the important news is not very clear.

Apa yang dikatakan itu tidak **cukup jelas dan nyata**.
What he said was not very clear.

Huraian pemimpin itu tidak **cukup jelas dan nyata**.
The comments of the leaders are not very clear.

Maklumat itu cukup jelas dan nyata.
Penjelasan yang diberinya itu cukup jelas dan nyata.

SAYA PERCAYA – I BELIEVE/TRUST

Saya percaya *pendatang haram akan keluar dari negeri kita.*
I believe the illegal immigrants will leave our country.

Saya percaya *ramai orang sedar akan faedah Rukun Tetangga.*
I believe many people are aware of the advantages of Rukun Tetangga.

Saya percaya *Dasar Ekonomi Baru akan menguntungkan negara kita.*
I believe the New Economic Policy will benefit our country.

Saya percaya *banyak buku-buku sastera akan diterjemahkan ke dalam Bahasa Malaysia.*
I believe many literature books will be translated into Bahasa Malaysia.

Saya percaya *ramai pelajar akan lulus dalam Bahasa Arab dan Bahasa Perancis.*
I believe many students will pass in Arabic and French.

Saya percaya *askar-askar kita akan menghancurkan pengganas-pengganas.*
I believe our soldiers will destroy the terrorists.

Saya percaya dia boleh lulus dalam peperiksaan.
Saya percaya ramai orang akan melawat Seoul bulan ini.

DALAM BIDANG INI – IN THIS FIELD

Laporan lengkap belum disediakan **dalam bidang ini**.
A full report in this field has not been prepared.

Kita memerlukan pemuda-pemuda **dalam bidang ini**.
We need young people in this field.

Pensyarah-pensyarah **dalam bidang ini** *akan memberi syarahan-syarahan pada hari Ahad.*
Lecturers in this field will hold talks on Sunday.

Pensyarah-pensyarah masih tidak mencukupi **dalam bidang ini**.
There are still not enough lecturers in this field.

Ramai pelajar menumpukan perhatian **dalam bidang ini**.
Many students are focussing their attention in this field.

Mereka tidak menunjukkan minat **dalam bidang ini**.
They do not show any interest in this field.

Mereka memang mahir dalam bidang ini.
Berbagai-bagai kajian sedang dijalankan dalam bidang ini.

LEBIH GEMAR – MORE INTERESTED IN
• MORE IN FAVOUR OF

Pelajar-pelajar itu **lebih gemar** *membaca buku-buku Inggeris dan Perancis.*
Those students are more interested in reading English and French books.

Pekerja-pekerja itu **lebih gemar** *menonton wayang gambar.*
The workers are more interested in going to the movies.

Gadis itu **lebih gemar** *berenang.*
The young lady is more interested in swimming.

Doktor itu **lebih gemar** *membaca buku-buku perubatan sahaja.*
The doctor is more interested in reading medical books.

Jurutera muda itu **lebih gemar** *membaca buku-buku kejuruteraan sahaja.*
The young engineer is more interested in reading engineering books.

Pegawai muda itu **lebih gemar** *makan buah-buahan tempatan.*
The young officer is more interested in eating local fruits.

Wahab lebih gemar membaca buku.
Ali lebih gemar main layang-layang.

TIDAK HAIRANLAH – IT WILL NOT BE A SURPRISE
• IT IS NOT SURPRISING

Tidak hairanlah *kalau Sebastian menjadi jurutera.*
It will not be a surprise if Sebastian becomes an engineer.

Tidak hairanlah *kalau dia kahwin gadis dari Kuala Kangsar.*
It will not be a surprise if he marries the girl from Kuala Kangsar.

Tidak hairanlah *kalau mereka tidak dibenarkan keluar dari negeri.*
It is not surprising that they were not allowed to leave the country.

Tidak hairanlah *kalau anak pendatang haram yang lahir di Malaysia tidak diakui sebagai warganegara.*
It is not surprising that the children of illegal immigrants born in Malaysia are not recognized as citizens.

Tidak hairanlah *kalau pemuda itu kahwin gadis Amerika itu.*
It is not surprising if that young man marries the American girl.

Tidak hairanlah *kalau pelampau-pelampau itu tidak diberikan sebarang bantuan.*
It is not surprising that the extremists are not given any assistance.

Tidak hairanlah kalau golongan jahat itu diberi amaran keras.
Tidak hairanlah kalau ramai orang gagal dalam peperiksaan itu.

AKAN DIUMUMKAN – WILL BE ANNOUNCED
• MADE KNOWN

Syarat-syarat itu **akan diumumkan** *oleh jawatankuasa itu.*
The stipulations will be made known by the committee.

Nama-nama johan itu **akan diumumkan** *sebelum penghujung bulan ini.*
The names of the champions will be announced before the end of this month.

Keputusan ujian khas itu **akan diumumkan** *pada hari Rabu.*
The results of the special test will be announced on Wednesday.

Nama-nama calon itu **akan diumumkan** *sebelum bulan Ogos.*
The names of the candidates will be announced before August.

Langkah-langkah yang diambil **akan diumumkan** *kepada orang ramai pada pertengahan bulan hadapan.*
The steps taken will be made known to the public in the middle of next month.

Hal penting ini **akan diumumkan** *kepada mereka oleh pegawai daerah.*
This important matter will be announced to them by the district officer.

Keputusan peperiksaan akan diumumkan esok.
Perkara itu pasti akan diumumkan dalam tempoh dua bulan.

MENURUT SUMBER-SUMBER RASMI -- ACCORDING TO OFFICIAL SOURCES

Menurut sumber-sumber rasmi *harga gula tidak akan dinaikkan.*
According to official sources the price of sugar will not be raised.

Menurut sumber-sumber rasmi *Bahasa Arab dan Bahasa Perancis akan diajar di sekolah menengah.*
According to official sources Arabic and French are to be taught in secondary schools.

Menurut sumber-sumber rasmi *lawatan Timbalan Perdana Menteri ke Korea Utara sungguh berkesan serta berfaedah.*
According to official sources the visit of the Deputy Prime Minister to North Korea was effective and advantageous.

Menurut sumber-sumber rasmi *hukuman itu tidak akan dijalankan.*
According to official sources the sentence will not be carried out.

Menurut sumber-sumber rasmi *tiga orang pegawai kanan akan dilantik untuk menyiasat perkara itu.*
According to official sources three senior officers are to be appointed to investigate that matter.

Menurut sumber-sumber rasmi *tuduhan pelampau-pelampau itu tidak benar.*
According to official sources the accusations of the extremists are not true.

Menurut sumber-sumber rasmi Dasar Ekonomi Baru sungguh berkesan.
Menurut sumber-sumber rasmi lapan puluh orang pegawai telah bersara pada minggu lalu.

DIBANTU OLEH – TO BE HELPED/AIDED/-ASSISTED BY

Pelajar-pelajar itu pasti akan **dibantu oleh** *guru-guru yang berpengalaman.*
The students will surely be assisted by experienced teachers.

Nelayan-nelayan itu akan **dibantu oleh** *kerajaan.*
The fishermen will be assisted by the government.

Jawatankuasa itu akan **dibantu oleh** *dua orang penasihat dari Korea Selatan.*
The committee will be assisted by two advisers from South Korea.

Persatuan-persatuan itu akan **dibantu oleh** *tiga orang pakar.*
The associations will be assisted by three experts.

Jawatankuasa itu tidak **dibantu oleh** *sesiapa pun.*
The committee is not assisted by anyone.

Petani-petani miskin itu **dibantu oleh** *kerajaan dan sektor-sektor swasta.*
The poor farmers are assisted by the government and the private sector.

Pegawai itu akan dibantu oleh beberapa orang.
Kerani itu tidak dibantu oleh sesiapa pun.

SEGALA KELEMAHAN – ALL THE WEAKNESSES

Pihak berkuasa sedang menyiasat **segala kelemahan** *pentadbiran.*
The authorities are investigating all the weaknesses of the administration.

Segala kelemahan *itu akan diatasi.*
All the weaknesses will be overcome.

Segala kelemahan *itu merupakan sebagai halangan.*
All the weaknesses appear as obstacles.

Sukar benar mengatasi dengan segera **segala kelemahan**.
It is indeed very difficult to overcome all the weaknesses immediately.

Kerajaan sedang mencari jalan, bagaimana untuk mengatasi **segala kelemahan** *itu.*
The government is looking for ways to overcome all the weaknesses.

Segala kelemahan *itu boleh diatasi dengan kerjasama orang ramai.*
All the weaknesses can be overcome with the cooperation of the public.

Kami sedar akan segala kelemahan mereka.
Segala kelemahan mereka sudah pun dilaporkan kepada jawatankuasa.

MENURUT BELIAU – ACCORDING TO HIM/HER

Menurut beliau *ramai orang tidak akan diberi lesen.*
According to him many people will not be issued licences.

Menurut beliau *lapan puluh orang sahaja dipilih oleh jawatankuasa itu.*
According to him only eighty people were selected by the committee.

Menurut beliau *tiga orang pegawai kanan akan bertolak ke Jepun pada hari Jumaat.*
According to him three senior officers will leave for Japan on Friday.

Menurut beliau *ramai pelajar masih lagi belum menguasai Bahasa Malaysia.*
According to him many students have still not mastered Bahasa Malaysia.

Menurut beliau *pelajar-pelajar kita sangat lemah dalam Bahasa Inggeris.*
According to her our students are very weak in English.

Menurut beliau *keputusan peperiksaan itu tidak memuaskan hati langsung.*
According to him the results of the examination are not satisfactory at all.

Menurut beliau, Melaka memerlukan peruntukan yang besar untuk memajukan negeri itu.
Menurut beliau projek-projek yang dilancarkan itu tidak akan berjaya.

BELIAU MENEGASKAN – HE STRESSED/EMPHASIZED/-CONFIRMED

Beliau menegaskan *bahawa nelayan-nelayan itu sudah pun diberikan bantuan.*
He stressed that the fishermen have already been given assistance.

Beliau menegaskan *bahawa biasiswa-biasiswa hanya diberi kepada pelajar-pelajar yang bertanggungjawab.*
He stressed that the scholarships will only be given to students who are responsible.

Beliau menegaskan *bahawa tiga orang pegawai kanan sudah bersara.*
He stressed that three senior officers have retired.

Beliau menegaskan *bahawa penjenayah-penjenayah itu sudah pun dihukum.*
He confirmed that the criminals have already been sentenced.

Beliau menegaskan *bahawa bantuan akan diberi kepada mangsa-mangsa banjir itu.*
He stressed that assistance or aid would be given to the flood victims.

Beliau menegaskan *bahawa pengakap-pengakap itu boleh berkemah di Teluk Bahang.*
He stressed that the scouts could camp in Teluk Bahang.

Beliau menegaskan bahawa mereka perlu belajar dengan lebih giat lagi.
Beliau menegaskan bahawa bahan-bahan mentah masih berkurangan.

DALAM MELAKSANAKAN – IN/FOR/OVER THE IMPLEMENTATION

Mereka sudah pun mendapat galakan **dalam melaksanakan** *rancangan itu.*
They have already received encouragement for the implementation of the programme.

Kerajaan mengkaji dengan teliti berbagai masalah **dalam melaksanakan** *Dasar Ekonomi Baru.*
The Government is very carefully studying the various problems in the implementation of the New Economic Policy.

Mereka tidak kecewa **dalam melaksanakan** *projek luar biasa itu.*
They are not frustrated over the implementation of that unusual project.

Mereka tidak disokong **dalam melaksanakan** *dasar baru itu.*
They were not given any support in the implementation of the new policy.

Sebenarnya mereka menghadapi kesulitan **dalam melaksanakan** *peraturan-peraturan.*
In fact they are facing hitches in the implementation of the new regulations.

Mungkin mereka akan menghadapi pelbagai masalah **dalam melaksanakan** *projek baru itu.*
Probably they will have to face various problems in the implementation of the new project.

Mereka menghadapi berbagai masalah dalam melaksanakan projek itu.
Mereka perlu berbincang terlebih dahulu sebelum melaksanakan projek itu.

TIDAK DAPAT – NOT ABLE
• UNABLE

Kebanyakan orang **tidak dapat** *menyaksikan permainan itu.*
Many people were unable to witness the game.

Mereka **tidak dapat** *membereskan kerja itu.*
They were unable to complete the work.

Ramai orang **tidak dapat** *tiket pada petang itu.*
Many people were unable to obtain tickets that evening.

Sahabat saya **tidak dapat** *visa untuk melawat Korea Selatan.*
My friend was not able to get his visa to visit South Korea.

Pelajar-pelajar itu **tidak dapat** *kebenaran untuk mengambil peperiksaan itu.*
The students were unable to obtain permission to take the examination.

Adik saya **tidak dapat** *mengambil keputusan peperiksaannya.*
My younger brother was unable to get the results of the examination.

Dia tidak dapat pergi ke Tokyo.
Dia tidak dapat cuti pada hari itu.

BERKHIDMAT UNTUK – SERVE
• WORK FOR

Ramai orang suka **berkhidmat untuk** *bangsa dan nusa.*
Many people like to serve their community and country.

Pelajar-pelajar berhasrat **berkhidmat untuk** *sektor swasta.*
The students wish to serve the private sector.

Belia perlu **berkhidmat untuk** *negara dengan jujur.*
The youths must serve the country sincerely.

Mereka dipilih **berkhidmat untuk** *penduduk-penduduk di kawasan luar bandar.*
They were elected to serve the people in the rural areas.

Kami sedia **berkhidmat untuk** *negara bila-bila masa pun.*
We are prepared to serve the country at any time.

Askar-askar itu berazam **berkhidmat untuk** *negara kita.*
The soldiers are determined to serve our country.

Kita berkhidmat untuk negara.
Mereka berkhidmat untuk sektor swasta sahaja.

LEBIH PENTING – MORE IMPORTANT

Sebenarnya Bahasa Malaysia **lebih penting**.
In fact Bahasa Malaysia is more important.

Hal itu **lebih penting** *daripada hal ini.*
That matter is more important than this one.

Tanggungjawab itu **lebih penting** *daripada kerja ini.*
That responsibility is more important than this work.

Sukan **lebih penting** *daripada hobi ini.*
A game is more important than this hobby.

Mata pelajaran ini **lebih penting** *daripada mata pelajaran itu.*
This subject is more important than that one.

Makanan **lebih penting** *daripada pakaian.*
Food is more important than clothes.

Urusan itu lebih penting.
Saya fikir kerja itu lebih penting.

PERLU DIFIKIRKAN – SHOULD BE THOUGHT OF
• SHOULD BE CONSIDERED

Masalah pengangguran **perlu difikirkan** *dengan segera.*
The unemployment problem should be given immediate considera-tion.

Hal seperti itu tidak **perlu difikirkan**.
Such matters should not be considered.

Dasar Ekonomi Baru **perlu difikirkan** *oleh segenap lapisan rakyat.*
The New Economic Policy should be given importance to by people from all walks of life.

Tugas Rukun Tetangga **perlu difikirkan** *dengan teliti.*
The duty of Rukun Tetangga should be thought of carefully.

Masalah inflasi dalam negara **perlu difikirkan** *dengan segera.*
Inflation in the country should be given thought to immediately.

Pembasmian buta huruf **perlu difikirkan** *oleh pemimpin-pemimpin.*
The eradication of illiteracy should be given great thought to by the leaders.

Masalah seperti itu perlu difikirkan.
Perkara-perkara itu perlu difikirkan demi kepentingan rakyat.

TIDAK BOLEH DIKATAKAN – CANNOT BE SAID

Tidak boleh dikatakan *Dasar Ekonomi Baru merugikan negara.*
It cannot be said that the New Economic Policy causes loss to the country.

Tidak boleh dikatakan *pelajar-pelajar pada masa ini tidak bertang-gungjawab.*
It cannot be said that students nowadays are irresponsible.

Tidak boleh dikatakan *negara kita maju dengan pesat.*
It cannot be said that our country is progressing at a rapid pace.

Tidak boleh dikatakan *orang Asia tidak bijaksana.*
It cannot be said that the Asians are not wise.

Tidak boleh dikatakan *mereka sengaja malas.*
It cannot be said that they are deliberately lazy.

Tidak boleh dikatakan *rancangn itu tidak akan berjaya.*
It cannot be said that the programme will not succeed.

Tidak boleh dikatakan ramai orang di situ buta huruf.
Tidak boleh dikatakan negara kita mengalami pengangguran.

SEPERTI YANG DIKEHENDAKI – AS REQUIRED

Dia tidak boleh memenuhi syarat-syarat **seperti yang dikehendaki** *oleh pihak firma swasta itu.*
He cannot fulfil the stipulations as required by the private firm.

Saya menyerahkan laporan **seperti yang dikehendaki** *kepada pegawai kanan itu.*
I handed the report as required to the senior officer.

Calon-calon itu menunjukkan bukti **seperti yang dikehendaki** *oleh pengawas itu.*
The candidates showed the proof as required by the invigilator.

Perpustakaan itu lengkap dengan buku-buku **seperti yang dikehendaki** *oleh orang ramai.*
The library is equipped with books as required by many people.

Pegawai itu memberikan butir-butir **seperti yang dikehendaki** *oleh penduduk-penduduk di kawasan itu.*
The officer gave the facts as required by the inhabitants of the area.

Pemimpin itu menunaikan permintaan **seperti yang dikehendaki** *oleh pelajar-pelajar itu.*
The leader fulfilled the request as required by the students.

Dia membawa surat-surat seperti yang dikehendaki oleh majikan.
Mereka menunjukkan sijil-sijil seperti yang dikehendaki oleh pegawai daerah.

MENDAPAT SOKONGAN – TO RECEIVE SUPPORT

Kalau **mendapat sokongan,** *kita boleh menjalankan tugas kita dengan baik.*
We could perform our duties well if we were to get some support.

Pemimpin itu mungkin **mendapat sokongan** *daripada orang ramai.*
The leader will probably get the support of the public.

Rancangan baru itu tidak **mendapat sokongan** *ramai orang.*
The new programme did not get the support of many people.

Mungkin projek-projek kita **mendapat sokongan** *dan galakan.*
Our projects will probably get the necessary support and encouragement.

Dia percaya Dasar Ekonomi Baru pasti **mendapat sokongan** *rakyat.*
He believes that the New Economic Policy will certainly receive the support of the people.

Majikan itu puas hati sebab dia **mendapat sokongan** *penuh, daripada semua pihak.*
The employer was satisfied because he received support from all.

Pemimpin itu mendapat sokongan daripada semua lapisan rakyat.
Saya hairan mengapa dia tidak mendapat sokongan daripada orang ramai.

APA YANG PERLU – WHAT IS NEEDED
• THAT WHICH IS IMPORTANT

Apa yang perlu *mesti didapatkan dengan segera.*
Whatever is necessary should be immediately procured.

Apa yang perlu *sekarang ialah modal yang besar.*
What is needed now is big capital.

Apa yang perlu *pada masa ini ialah perpaduan dan kerjasama.*
That which is important at this period is unity and cooperation.

Kita boleh mendapatkan **apa yang perlu** *daripada Jalil.*
We can obtain what is needed from Jalil.

Kita mesti membekalkan **apa yang perlu** *kepada mereka.*
We must provide them with whatever they need.

Mereka memang tahu **apa yang perlu** *bagi kebanyakan orang.*
They certainly know what is needed by most people.

Apa yang perlu mesti dicari dahulu.
Mereka masih belum sedar apa yang perlu.

BERGANDING BAHU MENENTANG – COLLECTIVELY OPPOSE

Pekerja-pekerja itu **berganding bahu menentang** *majikan yang tidak adil itu.*
The workers collectively opposed their unfair employer.

Rakyat negeri itu **berganding bahu menentang** *pemerintah mereka yang zalim.*
The people collectively opposed their cruel ruler.

Penduduk-penduduk kampung itu **berganding bahu menentang** *syarat-syarat baru itu.*
The villagers collectively opposed the new stipulations.

Mereka **berganding bahu menentang** *syor-syor pelampau itu.*
They collectively opposed the extremist's suggestions.

Kesatuan-kesatuan dan persatuan-persatuan **berganding bahu menentang** *tindakan tidak adil yang diambil oleh pihak majikan.*
The unions and the associations collectively opposed the unfair action taken by the employer.

Mereka **berganding bahu menentang** *dasar baru yang mengelirukan.*
They collectively opposed the new policy which is confusing.

Mereka berganding bahu menentang peraturan-peraturan baru itu.
Jawatankuasa itu berganding bahu menentang kegiatan-kegiatan anasir jahat itu.

TIDAK DAPAT MENGAWAL – UNABLE TO CONTROL

Orang yang **tidak dapat mengawal** *perasaan tidak boleh maju dalam apa jua bidang pun.*
Those who are unable to control their feelings cannot succeed in any field.

Orang yang **tidak dapat mengawal** *perasaan, tidak boleh menjadi seorang pemimpin.*
One who is unable to control his feelings cannot become a leader.

Mata-mata itu, **tidak dapat mengawal** *perusuh-perusuh itu.*
The police were unable to control the mob.

Ibu tuanya itu **tidak dapat mengawal** *perasaan dan menitiskan air mata sedih.*
His aged mother was unable to control her feelings and wept bitterly.

Pemuda-pemuda itu **tidak dapat mengawal** *perasaan mereka dan mengambil tindakan yang tidak diingini.*
The youngsters were unable to control their feelings and acted in an unbecoming manner.

Mereka **tidak dapat mengawal** *keadaan tegang di kawasan itu.*
They were unable to control the tense situation in that area.

Mereka tidak dapat mengawal perasaan mereka.
Pegawai-pegawai itu tidak dapat mengawal keadaan di tempat itu.

SALAH SEORANG TOKOH PENTING – ONE OF THE IMPORTANT LEADERS

Salah seorang tokoh penting *dari Afrika akan memberi ucapan di dewan itu.*
One of the important leaders from Africa will give a talk in that hall.

Salah seorang tokoh penting *di Amerika Syarikat ditembak mati.*
One of the important leaders in America has been shot dead.

Dia dianggap sebagai **salah seorang tokoh penting** *di Uganda.*
He is regarded as one of the important leaders in Uganda.

Salah seorang tokoh penting *di Iran dihukum mati.*
One of the important leaders in Iran was sentenced to death.

Salah seorang tokoh penting *dari Pakistan baru sahaja melawat Malaysia.*
One of the important leaders from Pakistan has just visited Malaysia.

Salah seorang tokoh penting *dari barat memuji Dasar Ekonomi Baru yang dilaksanakan dalam negara kita.*
One of the important leaders from the west praised the New Economic Policy implemented in our country.

Dia adalah salah seorang tokoh penting di Asia Tenggara.
Dia menegaskan, salah seorang tokoh penting akan memberi ucapan pada hari Ahad.

TENTU MERASA BIMBANG – CERTAINLY BE CONCERNED
• CERTAINLY BE APPREHENSIVE

Pekerja-pekerja itu **tentu merasa bimbang** *kalau tuntutan mereka tidak dihiraukan.*
The workers will certainly be concerned if their claims are not heeded.

Nelayan-nelayan itu **tentu merasa bimbang** *kalau kerajaan tidak memberi bantuan.*
The fishermen will certainly be concerned if the government does not give aid.

Pesawah-pesawah itu **tentu merasa bimbang** *kalau bekalan air makin berkurangan.*
The farmers will certainly be apprehensive if the supply of water lessens.

Penoreh getah **tentu merasa bimbang** *kalau musim tengkujuh berlanjutan.*
The rubber tappers will certainly be concerned if the rainy season prolongs.

Pelajar-pelajar itu **tentu merasa bimbang** *kalau mereka tidak dibenarkan melanjutkan pelajaran.*
The students would certainly be concerned if they are not allowed to continue their studies.

Mereka tentu merasa bimbang sebab mereka gagal dalam usaha itu.
Mereka tentu merasa bimbang kalau permohonan mereka ditolak.

TANPA SEBARANG KUASA – WITHOUT ANY POWER

Kita tidak boleh menjayakan projek besar itu **tanpa sebarang kuasa**.
Without any power we cannot make that big project a success.

Tanpa sebarang kuasa *pemimpin itu tidak boleh menguruskan kerjanya dengan sempurna.*
Without any power the leader cannot perform his work well.

Pegawai-pegawai di firma swasta itu hanya boneka **tanpa sebarang kuasa**.
The officers in the private firm are just figureheads without any power.

Mereka benar-benar kecewa sebab **tanpa sebarang kuasa** *mereka tidak dapat menunaikan janji mereka.*
They were really frustrated because without any power they would be unable to fulfill their promises.

Tanpa sebarang kuasa *sesiapa pun tidak boleh menjalankan tugas dengan berkesan.*
Without any power no one can perform the duties effectively.

Mereka tidak mahu menyertai dalam kegiatan itu **tanpa sebarang kuasa**.
They do not want to participate in the activities without any power.

Dia memerintah negara itu tanpa sebarang kuasa.
Dia tidak dapat menjalankan tugasnya tanpa sebarang kuasa.

MENYEDARI AKAN AKIBATNYA – AWARE OF THE CONSEQUENCES

Malangnya mereka tidak **menyedari akan akibatnya**.
Unfortunately they were not aware of the consequences.

Budak-budak kecil itu tidak **menyedari akan akibatnya**.
The small boys are not aware of the consequences.

Penyeludup-penyeludup yang tidak bertanggungjawab itu tidak **menyedari akan akibat** *perbuatan mereka itu.*
The irresponsible smugglers are not aware of the consequences of their actions.

Aneh benar mereka tidak **menyedari akan akibatnya**.
It is strange, that they are not aware of the consequences.

Dari segi undang-undang, yang tidak **menyedari akan akibatnya** *pun, boleh dihukum.*
From the legal point of view, anyone who is not aware of the consequences, can be sentenced.

Pegawai-pegawai yang tidak bertimbang rasa tidak **menyedari akan akibatnya**.
Officers who are not considerate are not aware of the consequences.

Ramai orang tidak menyedari akan akibatnya.
Pengakap-pengakap jujur itu menyedari akan akibatnya.

SEDAR AKAN KEWAJIPAN – CONSCIOUS/AWARE OF RESPONSIBILITIES/DUTIES/-OBLIGATIONS

Barang siapa yang **sedar akan kewajipan** *mereka pasti akan berjaya.*
Whoever is conscious of their responsibilities will surely succeed.

Si bodoh itu tidak **sedar akan kewajipan***nya.*
The fool is unaware of his responsibilities.

Rakyat jelata Malaysia patut **sedar akan kewajipan** *mereka.*
Malaysians should be aware of their duties.

Pemimpin-pemimpin baru itu **sedar akan kewajipan** *mereka.*
The new leaders are aware of their responsibilities.

Pengelola-pengelola baru itu memang **sedar akan kewajipan** *mereka.*
The new organizers are certainly aware of their responsibilities.

Guru-guru yang terlatih itu memang **sedar akan kewajipan** *mereka.*
The experienced teachers are certainly aware of their responsibilities.

Pegawai-pegawai itu sedar akan kewajipan mereka.
Pelajar-pelajar itu sedar akan kewajipan mereka sebagai bakal pemimpin.

BERBAGAI LANGKAH – VARIOUS STEPS/MEASURES

Kerajaan mengambil **berbagai langkah** *untuk mengatasi pengangguran dalam negara ini.*
The government is taking various measures to eradicate unemployment in this country.

Pemimpin-pemimpin itu telah mengambil **berbagai langkah** *untuk memulihkan keamanan.*
The leaders took various steps to restore peace.

Pegawai Daerah itu mengambil **berbagai langkah** *untuk memajukan rancangan baru itu.*
The District Officer took various measures to make the new scheme a success.

Dengan **berbagai langkah** *yang bijaksana mereka mengelakkan nahas itu.*
They avoided the accident by various wise measures.

Berbagai langkah *diambil oleh Johan untuk menjayakan dasar baru itu.*
Various measures were taken by Johan to make the new policy a success.

Pegawai-pegawai itu mengambil **berbagai langkah** *untuk menyatupadukan penduduk-penduduk di daerah itu.*
The officer took various measures to unite the people in that district.

Mereka cuba berbagai langkah untuk mengatasi masalah itu.
Mereka mengambil berbagai langkah untuk mempertahankan diri.

SEPERTI YANG DITEGASKAN – AS EMPHASISED/STRESSED

Patuhlah undang-undang baru **seperti yang ditegaskan**.
Adhere to the new laws as stressed.

Pelajar-pelajar itu dinasihatkan mengikut peraturan-peraturan baru **seperti yang ditegaskan** *oleh guru besar.*
The students were advised to follow the regulations as stressed by the Headmaster.

Seperti yang ditegaskan, *dua orang pegawai itu dijatuhkan hukuman berat.*
As stressed, the two officers were punished severely.

Kerajaan mengambil tindakan **seperti yang ditegaskan** *dalam surat amaran itu.*
The government took action as emphasised in the warning letter.

Mereka mengambil langkah yang wajar **seperti yang ditegaskan**.
They took the appropriate measures as emphasised.

Mereka tidak mengambil tindakan kejam, **seperti yang ditegaskan** *oleh pegawai polis itu.*
They did not take harsh action as stressed by the police officer.

Rancangan itu tidak berjaya seperti yang ditegaskan.
Pegawai itu mengambil tindakan seperti yang ditegaskan.

AKAN DITERUSKAN – WILL BE PUT INTO ACTION
• CARRIED OUT

Rancangan-rancangan yang berfaedah itu **akan diteruskan**.
The beneficial scheme will be put into action.

Mungkin peraturan-peraturan lama **akan diteruskan**.
Probably the old regulations will still be put into action.

Tidak semestinya kegiatan-kegiatan ini **diteruskan**.
It is not necessary that these activities be carried out.

Presiden baru itu menegaskan segala cadangan bekas presiden **akan diteruskan**.
The new president stressed that all the suggestions of the former president will be put into action.

Pemimpin baru itu memberi jaminan bahawa dasar yang diterima dengan sebulat suara **akan diteruskan**.
The new leader gave an assurance that the unanimously accepted policy will be carried out.

Dasar Pelajaran **akan diteruskan** *tanpa sebarang perubahan.*
The Education Policy will be carried out without any amendments.

Dasar lama itu akan diteruskan.
Segala kegiatan lama akan diteruskan.

AKAN DILAKSANAKAN – WILL BE IMPLEMENTED

Rancangan baru itu tidak **akan dilaksanakan** *tahun ini.*
The new programme will not be implemented this year.

Pembinaan jalan raya baru itu **akan dilaksanakan** *sebelum pertengahan tahun hadapan.*
The construction of the new highway will be implemented before the middle of next year.

Ramai orang berpendapat projek besar itu tidak **akan dilaksanakan** *tahun ini.*
Many people are of the opinion that the big project will not be implemented this year.

Kaedah baru itu tidak **akan dilaksanakan** *di kawasan luar bandar tahun ini.*
The new method will not be implemented in the rural areas this year.

Saya berharap rancangan Rukun Tetangga **akan dilaksanakan** *di Kuala Kangsar tahun ini.*
I hope the Rukun Tetangga will be implemented in Kuala Kangsar this year.

Syor-syor yang dibentang itu tidak **akan dilaksanakan** *langsung.*
The suggestions put forth will not be implemented at all.

Projek baru itu akan dilaksanakan sebelum penghujung tahun ini.
Dasar Ekonomi Baru itu akan dilaksanakan dengan sepenuhnya.

DENGAN TERATUR – IN A SYSTEMATIC MANNER
• IN AN ORDERLY MANNER

Kerja yang dibuat **dengan teratur** *selalu dipuji.*
Work done in an orderly manner will always be praised.

Pemimpin berjasa itu menjalankan segala syor yang dibincangkan itu **dengan teratur**.
The dedicated leader carried out all the suggestions discussed, in an orderly manner.

Gambar-gambar dipamerkan **dengan teratur** *di dewan itu.*
The photographs exhibited in the hall have been laid out in an orderly manner.

Semua buku-buku rujukan di perpustakaan itu tersusun **dengan teratur**.
All the reference books in the library are arranged in a systematic manner.

Segala kegiatan dalam sekolah itu dijalankan **dengan teratur**.
All the activities in that school are carried out in a systematic manner.

Askar-askar diwajibkan menjalankan tugas **dengan teratur**.
Soldiers are obliged to perform their duties in an orderly manner.

Segala kerja patut dibuat dengan teratur.
Pegawai kanan itu selalu menjalankan tugas dengan teratur.

MEMERLUKAN KERJASAMA – NEEDS THE COOPERATION

Petani-petani itu **memerlukan kerjasama** *saudagar-saudagar di bandar itu.*
The farmers need the cooperation of the merchants in the city.

Penghulu itu **memerlukan kerjasama** *penduduk-penduduk itu untuk menjayakan rancangan baru itu.*
The village headman needs the cooperation of the people to make the new programme a success.

Kerajaan kita **memerlukan kerjasama** *perusahaan-perusahaan swasta untuk kejayaan Dasar Ekonomi Baru.*
Our government needs the cooperation of the private industries for the success of the New Economic Policy.

Seorang ahli politik **memerlukan kerjasama** *pengundi-pengundi.*
A politician needs the cooperation of the voters.

Kita benar-benar **memerlukan kerjasama** *jiran-jiran kita.*
We really need the cooperation of our neighbours.

Ramai orang sedar mereka **memerlukan kerjasama** *sahabat-sahabat yang kaya.*
Many people are aware they need the cooperation of their rich friends.

Kerajaan kita memerlukan kerjasama belia untuk melaksanakan projek-projek pembangunan.
Pemimpin besar itu memerlukan kerjasama semua lapisan masyarakat.

AKAN DIBATALKAN – WILL BE CANCELLED
• WILL BE CALLED OFF

Seminar yang akan diadakan di Dewan Hamdan, Kuala Kangsar, mungkin **akan dibatalkan**.
The seminar to be held at Dewan Hamdan, Kuala Kangsar, will probably be cancelled.

Permainan-permainan bola sepak dan hoki tidak **akan dibatalkan**.
The football and hockey matches will not be cancelled.

Pertandingan Pesta Laut tidak **akan dibatalkan** *tahun ini.*
The Sea Festival will not be cancelled this year.

Semua hiburan **akan dibatalkan** *sebagai penghormatan kepada baginda yang mangkat.*
All entertainments will be cancelled as a mark of respect to the ruler who passed away.

Mesyuarat jawatankuasa itu **akan dibatalkan** *sebab pengerusi tidak dapat hadir.*
The committee meeting will be cancelled because the chairman is indisposed.

Mesyuarat penting itu **akan dibatalkan** *sebab Pengerusi uzur.*
The important meeting will be called off because the Chairman has been taken ill.

Ramai berpendapat pertandingan bola sepak itu tidak akan dibatalkan.
Perbahasan penting akan dibatalkan sebab dua orang peserta itu uzur.

SEGALA KATA-KATA SINDIRAN – ALL THE SARCASTIC REMARKS • INSINUATIONS

Dia tidak menghiraukan langsung **segala kata-kata sindiran** *itu.*
He was not in the least bothered at by all the sarcastic remarks/insinuations.

Segala kata-kata sindiran *itu menyebabkan budak itu menangis.*
All the sarcastic remarks made the boy cry.

Segala kata-kata sindiran *itu tidak memeranjatkan pemuda itu.*
All the insinuations did not frighten the youth.

Segala kata-kata sindiran *tidak ada sebarang kesan.*
All the sarcastic remarks did not have any effect.

Samseng itu senyum sahaja mendengar **segala kata-kata sindiran** *itu.*
The urchin just smiled when he heard all the sarcastic remarks.

Pemuda itu tidak tersinggung mendengar **segala kata-kata sindiran** *itu.*
The youth was not embarrassed when he heard all the sarcastic remarks.

Dia mendengar dengan sabar segala kata-kata sindiran itu.
Segala kata-kata sindiran itu tidak melemahkan semangatnya.

BERPERANGAI KEANAK-ANAKAN – NAIVE/SIMPLE/CHILDISH

Sebenarnya orang itu **berperangai keanak-anakan**.
Actually the man is very naive.

Ramai orang di kampung yang terpencil itu **berperangai keanak-anakan**.
Most people in villages are simple.

Memang ada dalam kampung itu orang yang **berperangai keanak-anakan**.
Definitely there are simple people in the village.

Orang yang **berperangai keanak-anakan** *tidak boleh simpan rahsia.*
Those who behave childishly cannot keep secrets.

Orang yang **berperangai keanak-anakan** *itu kena rompak pada hari Ahad.*
That naive man was robbed on Sunday.

Wanita yang **berperangai keanak-anakan** *itu sanggup mempersuamikan orang tua itu.*
That naive lady consented to marry the old man.

Saya tidak suka orang yang berperangai keanak-anakan itu.
Orang yang berperangai keanak-anakan tidak boleh maju.

TERLALU SIBUK – VERY BUSY

Biasanya Pengarah itu **terlalu sibuk** *pada hari Isnin.*
Usually the director is very busy on Mondays.

Saya tidak percaya dia **terlalu sibuk** *sekarang.*
I do not believe he is very busy now.

Dia sengaja berkata dia **terlalu sibuk**.
He is purposely saying that he is very busy.

Di bandar yang besar ramai orang **terlalu sibuk** *pada waktu pagi.*
In big cities many people are very busy in the morning.

Saya tidak suka mengganggu pegawai itu kalau dia **terlalu sibuk**.
I would not like to disturb the officer if he is very busy.

Sebenarnya kerani besar itu **terlalu sibuk** *pada hari itu.*
In fact the chief clerk was very busy on that day.

Pegawai-pegawai di kawasan itu terlalu sibuk pada hari Ahad.
Kerani-kerani itu terlalu sibuk pada waktu pagi.

TIDAK TIMBUL – NOT TO ARISE • NOT TO RAISE

Masalah pengangguran **tidak timbul** *dalam seminar itu.*
The issue of unemployment was not raised in the seminar.

Setahu saya perkara itu **tidak timbul** *dalam perbincangan hebat itu.*
As far as I know the matter was not raised during the heated discussion.

Saya yakin perkara itu **tidak** *akan* **timbul** *dalam mesyuarat itu.*
I am certain the matter will not be raised in the meeting.

Soalan itu mungkin **tidak timbul** *dalam mesyuarat jawatankuasa itu.*
The question probably will not arise in the committee meeting.

Kekurangan wang **tidak timbul** *sebab kerajaan memberi bantuan penuh.*
A situation where money was needed did not arise as the government gave full assistance.

Syak wasangka **tidak timbul** *apabila masalah itu dibincangkan.*
When the matter was being discussed, no doubts were raised.

Perkara itu tidak timbul dalam mesyuarat itu.
Apa pun tidak timbul daripada perbincangan penting itu.

TERPAKSA DITANGGUHKAN – HAVE TO BE POSTPONED

Mungkin pertandingan bola sepak itu **terpaksa ditangguhkan** *sebab musim tengkujuh.*
Most probably the football match will have to be postponed because of the rainy season.

Perbincangan itu **terpaksa ditangguhkan** *sebab pegawai kanan itu uzur.*
The discussion has to be postponed because the senior officer is ill.

Mesyuarat jawatankuasa itu **terpaksa ditangguhkan** *sebab empat orang tidak dapat hadir.*
The meeting of the committee had to be postponed because four members were unable to attend.

Tayangan gambar itu **terpaksa ditangguhkan** *sebab hujan lebat.*
The screening of the film has to be postponed due to the heavy rain.

Saya tidak fikir seminar itu **terpaksa ditangguhkan** *atas nasihat Pegawai Daerah.*
I do not think the seminar had to be postponed on the advice of the District Officer.

Peperiksaan penting itu **terpaksa ditangguhkan** *sebab ramai orang tidak mahu mengambil peperiksaan itu.*
That important examination had to be postponed because many did not want to take it.

Mesyuarat yang penting itu terpaksa ditangguhkan.
Saya tidak tahu mengapa seminar itu terpaksa ditangguhkan.

DALAM KEADAAN SERBA KEKURANGAN – IN EXTREME POVERTY

Ramai orang di kampung terpencil itu **dalam keadaan serba kekurangan**.
Many people in that isolated village live in extreme poverty.

Tidak benar petani-petani itu **dalam keadaan serba kekurangan**.
It is not true that the farmers live in extreme poverty.

Sungguh benar ada orang **dalam keadaan serba kekurangan** *di kawasan luar bandar.*
It is a fact that there are people who live in extreme poverty in the rural areas.

Buruh-buruh di pekan itu **dalam keadaan serba kekurangan**.
Labourers in the town live in extreme poverty.

Saya tidak tahu penoreh getah itu **dalam keadaan serba kekurangan**.
I did not know that the rubber tappers live in extreme poverty.

Saya hairan ramai orang di bandar itu **dalam keadaan serba kekurangan**.
I am surprised many people in the city live in extreme poverty.

Nelayan itu hidup dalam keadaan serba kekurangan.
Saya bersimpati dengan orang miskin yang dalam keadaan serba kekurangan.

SELURUH MASYARAKAT – ENTIRE SOCIETY

Seluruh masyarakat *memuji dermawan yang murah hati itu.*
The entire society praised the generous philanthropist.

Mereka memberikan sumbangan kepada **seluruh masyarakat**.
They gave their services to the entire society.

Seluruh masyarakat *mendapat faedah daripada rancangan baru itu.*
The entire society derived benefits from the new scheme.

Seluruh masyarakat *memuji rancangan rukun tetangga itu.*
The entire society praises the Rukun Tetangga scheme.

Seluruh masyarakat *merasa puas hati dengan berita baik itu.*
The entire society was satisfied with the good news.

Amanat pemimpin itu menggalakkan **seluruh masyarakat** *berjasa bakti kepada negara.*
The leader's message encouraged the entire society to serve the country.

Pahlawan itu mendapat pujian seluruh masyarakat.
Saya akan memaklumkan kepada seluruh masyarakat.

MESTI DIIKUTI – NECESSARY TO FOLLOW/-OBEY/ADHERE TO/OBSERVE

Undang-undang negara, **mesti diikuti** *oleh pendatang-pendatang haram.*
The laws of the country must be obeyed by the illegal imigrants.

Syarat-syarat baru itu **mesti diikuti** *oleh ahli-ahli baru itu.*
The new stipulations must be adhered to by the new members.

Cadangan baik itu **mesti diikuti** *oleh mereka.*
They should follow that good suggestion.

Peraturan-peraturan yang ditetapkan itu **mesti diikuti** *oleh anggota-anggota baru persatuan itu.*
The rules which have been enforced should be observed by the new members of the association.

Rancangan baru itu **mesti diikuti** *oleh pengakap-pengakap itu.*
The new programme must be followed by the scouts.

Dasar Ekonomi Baru itu **mesti diikuti** *oleh rakyat jelata Malaysia.*
The New Economic Policy must be followed by the citizens of Malaysia.

Peraturan-peraturan baru itu mesti diikuti.
Nasihat baik yang diberi itu mesti diikuti.

SUDAH BERSEDIA UNTUK – READY TO
• PREPARED TO

Askar-askar itu **sudah bersedia untuk** *menentang musuh.*
The soldiers are ready to fight the enemy.

Mereka **sudah bersedia untuk** *menjawab sesuatu soalan.*
They are prepared to answer any question.

Murad **sudah bersedia untuk** *bertolak ke Madras.*
Murad is ready to leave for Madras.

Ali **sudah bersedia untuk** *mendengar nasihat bapanya.*
Ali is prepared to listen to the advice of his father.

Pasukan itu **sudah bersedia untuk** *menghadapi cabaran itu.*
The team is ready to meet the challenge.

Pengakap-pengakap itu **sudah bersedia untuk** *berkhemah di Teluk Bahang.*
The scouts are ready to camp at Teluk Bahang.

Pelajar-pelajar itu **sudah bersedia untuk** *menjadi pandu puteri.*
The students are prepared to become girl guides.

Kami sudah bersedia untuk berangkat ke Pulau Pinang.
Mereka sudah bersedia untuk menjalankan tugas itu.

YANG DIAMBILNYA – WHICH HE TOOK

Saya tidak tahu apa **yang diambilnya**.
I do not know what he has taken.

Bahan-bahan **yang diambilnya** *semuanya baik belaka.*
The materials which he took are all of good quality.

Kerusi **yang diambilnya** *hanya berharga lima ringgit.*
The chair which he took cost only five ringgit.

Buku rujukan **yang diambilnya** *boleh dibeli di kedai besar itu.*
The reference book which he took can be bought in that big shop.

Kertas **yang diambilnya** *sangat nipis.*
The paper which he took was very thin.

Bola **yang diambilnya** *tidaklah begitu baik.*
The ball which he took was not so good.

Makanan **yang diambilnya** *tidaklah begitu sedap.*
The food which he took was not so tasty.

Buku yang diambilnya itu tidaklah begitu berguna.
Buku yang diambilnya itu tidak begitu bernilai.

MELANGKAH MASUK KE DALAM – STEPPED INSIDE
• ENTERED

Dia berani **melangkah masuk ke dalam** *bilik itu.*
He was brave to step inside that room.

Pengemis itu tidak berani **melangkah masuk ke dalam** *dewan itu.*
The beggar was not brave enough to step inside the hall.

Ramai orang **melangkah masuk ke dalam** *kawasan itu.*
Many people have entered that area.

Pegawai-pegawai itu **melangkah masuk ke dalam** *dewan besar itu.*
The officers entered the large hall.

Pengakap-pengakap itu **melangkah masuk ke dalam** *khemah besar itu.*
The scouts stepped inside the big tent.

Siapa pun tidak berani **melangkah masuk ke dalam** *bilik mesyuarat itu.*
No one was daring enough to enter the conference room.

Roslan terus melangkah masuk ke dalam bilik itu.
Tidaklah sopan melangkah masuk ke dalam kamar itu.

MEMAKAN MASA – TO TAKE UP A LONG TIME
• TO SPEND TOO MUCH TIME

Penyelidikan itu dijangka akan **memakan masa** *yang lama.*
The investigation is expected to take a long time.

Projek itu akan **memakan masa** *tidak kurang dari dua tahun.*
The project will take a time of no less than two years to be completed.

Kerja ini tidak **memakan masa** *walaupun nampaknya susah hendak dibuat.*
The job will not take much time, although it does not appear to be difficult.

Rancangan yang awak kemukakan itu tetap akan **memakan masa**.
The plan you have submitted will definitely take a long time.

Jika acara itu **memakan masa** *eloklah sahaja dibatalkan.*
If the event takes up too much time, it is better to cancel it.

Perbicaraan itu telah **memakan masa** *hampir tiga bulan.*
The trial has taken or gone on for almost three months.

Bagi menyudahkan tenunan sehelai kain songket akan **memakan masa** *yang lama juga.*
To embroider a piece of *kain songket* will take a long time.

Adakah rancangan itu akan memakan masa?
Rancangan itu tidak akan memakan masa.

SUDAH SAMPAI MASANYA – THE TIME HAS COME

Sekarang **sudah sampai masanya** *saya terpaksa bersara.*
The time has now come for me to retire.

Ayah rasa **sudah sampai masanya** *awak mendirikan rumahtangga.*
Father feels that the time has come for you to get married.

Sudah sampai masanya *saya terpaksa bertindak tegas tentang perkara itu.*
The time has come for me to act firmly on the matter.

Kalau **sudah sampai masanya** *saya akan ceritakan juga kepada awak.*
When the time comes to do so, I shall tell you about it.

Kami juga berfikir **sudah sampai masanya** *syarat-syarat perjanjian itu dipinda.*
We too feel that the time has come to amend the conditions of the contract.

Khidmatnya kepada negara **sudah sampai masanya** *diberi penghargaan.*
It is time his service to the nation is appreciated.

Untuk keselamatan negara, **sudah sampai masanya** *rakyat berkerjasama menghapuskan pengganas-pengganas.*
The time has come for the people to cooperate in wiping out terrorists.

Betulkah sudah sampai masanya dia diberhentikan kerja?
Memang betul sudah sampai masanya dia diberhentikan kerja.

BERBAGAI-BAGAI JENIS – VARIOUS KINDS

Ali membeli **berbagai-bagai jenis** *perkakas di Kuala Kangsar.*
Ali bought various kinds of tools in Kuala Kangsar.

Dalam pameran itu kita berkesempatan menyaksikan **berbagai-bagai jenis** *permaidani.*
In the exhibition we are able to see various kinds of carpets.

Saya akan membeli **berbagai-bagai jenis** *gambar di Madras.*
I shall buy various kinds of pictures in Madras.

Di dewan itu terdapat **berbagai-bagai jenis** *bunga tiruan.*
In the hall are various kinds of artificial flowers.

Bapa saya membeli **berbagai-bagai jenis** *cat sebab dia seorang pelukis.*
My father bought various kinds of paint because he is an artist.

Dalam kedai itu terdapat **berbagai-bagai jenis** *kuih-muih yang lazat.*
In the shop are various kinds of delicious cakes.

Pekedai itu menjual berbagai-bagai jenis pakaian.
Sukar mendapat berbagai-bagai jenis perabot di bandar kecil itu.

TIDAK DAPAT DINAFIKAN – CANNOT BE DENIED

Tidak dapat dinafikan *laporan itu tidaklah sempurna.*
It cannot be denied that the report is incomplete.

Tidak dapat dinafikan *gaji yang diberikan itu tidak berpatutan.*
It cannot be denied that the salary given is not reasonable.

Tidak dapat dinafikan *ramai orang di kampung terpencil itu miskin.*
It cannot be denied that many people in that isolated village are poor.

Tidak dapat dinafikan *pengakap-pengakap itu sangat jujur.*
It cannot be denied that those scouts are very honest.

Tidak dapat dinafikan *pelajar-pelajar di sekolah itu berkelakuan baik.*
It cannot be denied that the pupils of that school are well-behaved.

Tidak dapat dinafikan *tindakan yang diambil itu berat sebelah.*
It cannot be denied that the action taken was favourable to only one party.

Tidak dapat dinafikan pelajar-pelajar di Sekolah Tinggi itu rajin.
Tidak dapat dinafikan wanita memang memainkan peranan penting dalam pembangunan negara.

BUKAN SAHAJA TERKENAL – NOT ONLY WELL-KNOWN/-FAMOUS

Pahlawan itu **bukan sahaja terkenal** *di Malaysia tetapi juga di seluruh Asia.*
The hero is not only well-known in Malaysia but also throughout Asia.

Ahli sains itu **bukan sahaja terkenal** *di Afrika.*
The scientist is not famous in Africa alone.

Pelajar rajin itu **bukan sahaja terkenal** *di sekolahnya tetapi di seluruh Malaysia sebab dia seorang olahragawan.*
The industrious student is not only well-known in his school but also all over Malaysia, because he is a sportsman.

Budak-budak bijak itu **bukan sahaja terkenal** *di daerah itu sahaja.*
Those clever children are not just well-known in that district.

Boria **bukan sahaja terkenal** *di Pulau Pinang tetapi juga di Kedah dan Perlis.*
Boria is not only famous in Penang but also in Kedah and Perlis.

Tidak boleh dikatakan Dondang Sayang **hanya terkenal** *di Melaka* **sahaja**.
It cannot be said that Dondang Sayang is only famous in Malacca.

Ali bukan sahaja terkenal di Malaysia tetapi juga di seluruh dunia.
Pemimpin itu bukan sahaja terkenal tetapi juga dihormati.

AMAT GEMAR – VERY INTERESTED • ENTHUSIASTIC • FOND OF

Pemimpin itu **amat gemar** *membaca buku-buku sejarah dunia.*
That leader is very interested in reading books on world history.

Pelajar-pelajar itu **amat gemar** *bermain bola sepak dan kriket.*
The student are very enthusiastic about playing football and cricket.

Penduduk-penduduk kampung itu **amat gemar** *makan ikan dari sungai.*
The people in the village are very fond of eating fish from the river.

Ramai orang di Malaysia **amat gemar** *makan durian dan rambutan.*
Many people in Malaysia are very fond of eating durians and rambutans.

Ramai orang dalam negara ini **amat gemar** *makan sate dan nasi lemak.*
Many people in this country are very fond of eating satay and nasi lemak.

Dipercayai ramai orang **amat gemar** *membaca suratkhabar dan majalah.*
It is believed many people are very enthusiastic about reading newspapers and magazines.

Abu amat gemar membaca buku-buku Inggeris dan Perancis.
Dia amat gemar menonton televisyen dan mendengar radio.

DALAM BANYAK HAL – IN MANY MATTERS

Sebenarnya dia bijak **dalam banyak hal**.
Actually he is wise in many matters.

Dalam banyak hal *dia sudah menunjukkan kepandaiannya.*
He has shown his cleverness in many matters.

Dalam banyak hal *dia belum mencapai sebarang kejayaan.*
He has not yet achieved any success in many matters.

Dalam banyak hal *dia telah gagal.*
He has failed in many matters.

Dia tidaklah begitu berakal **dalam banyak hal**.
He is not very clever in many matters.

Ali mencapai kejayaan yang cemerlang **dalam banyak hal**.
Ali achieved great success in many matters.

Dia sudah menghampakan saya dalam banyak hal.
Dalam banyak hal dia sudah melakukan kesalahan yang tidak boleh diampunkan.

BERASAL DARI – ORIGINATES FROM

Seorang ahli sains Tuan Darwin berkata manusia itu **berasal dari** *monyet.*
The scientist Darwin said that man originated from the ape.

Sebahagian warganegara Malaysia **berasal dari** *Indonesia dan India.*
A part of the Malaysian population originated from Indonesia and India.

Pemimpin yang bijak itu **berasal dari** *Pulau Sulawesi.*
That wise leader originates from Celebes.

Benda-benda purba itu **berasal dari** *Mesir dan Iraq.*
Those antiques originate from Egypt and Iraq.

Tarian yang luarbiasa itu **berasal dari** *Senegal, di Afrika.*
That extraordinary dance originates from Senegal, in Africa.

Adat resam yang baik itu **berasal dari** *Korea.*
Those good customs originate from Korea.

Benda aneh itu berasal dari Sepanyol.
Perkataan baru itu berasal dari Bahasa Sanskrit.

TIDAKLAH RAMAI – NOT MANY

Pelawat-pelawat yang tiba **tidaklah ramai**.
The visitors who have arrived are not many.

Tidaklah ramai *yang mengambil peperiksaan itu.*
Not many took the examination.

Tidaklah ramai *yang akan bertolak ke Korea Selatan.*
Not many will be leaving for South Korea.

Peserta-peserta yang hadir **tidaklah ramai.**
Not many participants were present.

Calon-calon yang lulus dalam mata pelajaran itu **tidaklah ramai**.
The candidates who passed in that subject are not many.

Pekerja-pekerja yang tidak menerima tawaran itu **tidaklah ramai**.
The workers who did not accept the offer are not many.

Pelajar-pelajar yang gagal **tidaklah ramai**.
The students who failed are not many.

Tidaklah ramai orang di situ pada hari itu.
Bilangan calon tidaklah ramai.

TIDAK BERSETUJU – DO NOT AGREE

Mereka **tidak bersetuju** *sebab tindakan yang diambil tidak adil.*
They did not agree, because the action taken was unfair.

Guru itu **tidak bersetuju** *dengan syor-syor itu.*
The teacher did not agree with the suggestions.

Kami **tidak bersetuju** *temasya itu diadakan di kawasan itu.*
We do not agree that the festival be held in that area.

Mereka **tidak bersetuju** *dengan pendapat itu.*
They do not agree with that opinion.

Pelajar-pelajar itu **tidak bersetuju** *melawat tempat itu.*
The students do not agree to visit that place.

Ramai orang **tidak bersetuju** *dengan cadangan penghulu itu.*
Many people did not agree with the proposal of the village headman.

Dia tidak bersetuju dengan cadangan itu.
Orang yang tidak bersetuju tidak akan diberi sebarang kemudahan.

SEBAGAI LANGKAH – AS A MEASURE/STEP

Sebagai langkah *mengelakkan mereka, tindakan itu diambil.*
The action was taken as a measure to avoid them.

Sebagai langkah *pertama Sebastian mengambil tindakan itu.*
As a first step Sebastian resorted to that action.

Sebagai langkah *utama pekerja-pekerja itu melancarkan mogok.*
Taking a major step the workers went on strike.

Sebagai langkah *pertama mereka mengiklankan rancangan itu.*
As a first step they advertised the project.

Sebagai langkah *pertama jawatankuasa itu meluluskan permohon-an.*
As a first step the committee passed the application.

Sebagai langkah *pertama mereka menganjurkan projek itu.*
Taking the first step they launched the project.

Mereka mengambil tindakan itu sebagai langkah keselamatan.
Perbincangan itu adalah sebagai langkah mengatasi kesulitan itu.

TIDAK SEMESTINYA – NOT NECESSARILY

Tidak semestinya *dia mesti bertolak pada hari ini juga.*
He does not necessarily have to leave today.

Tidak semestinya *dia patut membeli tiga saham.*
He does not necessarily have to buy three shares.

Tidak semestinya *dia patut dipilih sebagai penasihat persatuan itu.*
He does not necessarily have to be elected as the advisor for the association.

Tidak semestinya *dia wajib menjadi penaung persatuan itu.*
He does not necessarily have to become the patron of the association.

Tidak semestinya *dia patut disingkirkan daripada jawatannya.*
He does not necessarily have to be relieved of his post.

Tidak semestinya *dia diberi keutamaan.*
He does not necessarily have to be given priority.

Tidak semestinya dia wajib lulus dalam peperiksaan itu.
Tidak semestinya dia mesti menjadi ahli persatuan itu.

YANG BERTENTANGAN – WHICH IS CONTRADICTORY
• CONTRARY

Usul **yang bertentangan** *itu masih dibincang.*
The contrary proposition is still being discussed.

Cadangan **yang bertentangan** *itu dibidas dengan sebulat suara.*
The contrary proposal was condemned unanimously.

Peraturan-peraturan **yang bertentangan** *itu mengelirukan ahli-ahli persatuan itu.*
The regulations which are contradictory are confusing the members of the association.

Apa juga **yang bertentangan** *tidak patut dibincangkan.*
That which is contradictory should not be discussed.

Syor **yang bertentangan** *itu tidak sesuai ditimbangkan.*
The suggestion which is contradictory is not suitable for consideration.

Ucapannya **yang bertentangan** *itu tidak adil.*
His speech which is contradictory is not fair.

Cadangan **yang bertentangan** *itu mengelirukan ramai orang.*
The contradictory proposal confuses many people.

Cadangan yang bertentangan itu tidak diterima.
Syor yang bertentangan itu memeranjatkan ramai orang.

DALAM MASYARAKAT KITA – IN OUR SOCIETY

Dalam masyarakat kita *semangat bergotong-royong masih diamal-kan.*
In our society the spirit of mutual assistance is still prevalent.

Tidak ada kepercayaan karut **dalam masyarakat kita**.
There are no superstitions in our society.

Dalam masyarakat kita *amalan puasa diutamakan.*
In our society the observance of fasting is important.

Tidak ada pengaruh barat **dalam masyarakat kita**.
There is no western influence in our society.

Wanita amat cergas **dalam masyarakat kita**.
Women are very active in our society.

Tidak ada buta huruf **dalam masyarakat kita**.
There is no illiteracy in our society.

Dalam masyarakat kita ada berbagai-bagai adat resam.
Dalam masyarakat kita perayaan itu dianggap sangat penting.

TIDAK ADA GUNANYA – IT IS USELESS/NO USE/-FUTILE/PROFITLESS

Tidak ada gunanya *minum arak.*
The consumption of liquor is a profitless activity.

Guru menasihati mereka bahawa **tidak ada gunanya** *main judi.*
The teacher advised them that gambling is a useless habit.

Tidak ada gunanya *mengambil bahagian dalam kegiatan itu.*
It is no use participating in that activity.

Tidak ada gunanya *meminta bantuan daripadanya.*
It is futile asking him for assistance.

Tidak ada gunanya *bergaduh dengan jiran.*
It is futile to quarrel with the neighbours.

Tidak ada gunanya *menyokong syor-syor penjahat itu.*
It is no use supporting the suggestions of that wicked man.

Projek baru itu tidak ada gunanya.
William berkata tidak ada gunanya bercakap sahaja.

BUKAN TERBATAS KEPADA – NOT LIMITED TO
• NOT CONFINED TO
• NOT RESTRICTED TO

Syarat-syarat itu **bukan terbatas kepada** *pelajar-pelajar sahaja.*
The stipulations are not confined to students only.

Kesempatan-kesempatan itu **bukan terbatas kepada** *pekerja-pekerja mahir sahaja.*
The opportunities are not confined to skilled workers only.

Syarat-syarat baru itu **bukan terbatas kepada** *warganegara sahaja.*
The new stipulations are not confined to citizens only.

Kemudahan-kemudahan itu **bukan terbatas kepada** *buruh-buruh di kawasan luar bandar sahaja.*
The facilities are not confined to the labourers in the rural areas only.

Bantuan yang diberi **bukan terbatas kepada** *golongan miskin sahaja.*
The assistance given is not limited to the poor only.

Biasiswa itu **bukan terbatas kepada** *pelajar-pelajar pintar sahaja.*
The scholarship is not limited to intelligent students only.

Kemudahan-kemudahan itu bukan terbatas kepada nelayan-nelayan sahaja.
Peluang itu bukan terbatas kepada pelajar-pelajar di kawasan luar bandar sahaja.

MELAHIRKAN KEYAKINAN – CREATE/DEVELOP/-
GENERATE CONFIDENCE

Gerak-geri seseorang guru itu boleh **melahirkan keyakinan** *murid-murid terhadapnya.*
The conduct of a teacher can generate confidence in his pupils.

Kita mesti **melahirkan keyakinan** *untuk menghadapi masalah-masalah itu supaya ia tidak kecewa.*
We must develop his confidence when facing problems so that he will not be disappointed.

Kita harus **melahirkan keyakinan** *terhadap diri sendiri dalam menempuh cabaran hidup.*
We need to be confident in ourselves when tackling life's challenges.

Kemunculan pemain-pemain muda dalam arena badminton telah **melahirkan keyakinan** *kita untuk memenangi Piala Thomas.*
The emergence of young players in badminton has created confidence among us to win the Thomas Cup.

Majikan syarikat itu telah cuba **melahirkan keyakinan** *para pekerjanya terhadap peraturan baru itu.*
The company boss has tried to create confidence among his employees regarding the new rules.

Kestabilan ekonomi dan politik negara kita telah **melahirkan keyakinan** *pelabur-pelabur luar negeri.*
Our country's economic and political stability has given confidence to foreign investors.

Bolehkah cadangan itu melahirkan keyakinan terhadap semua?
Saya fikir ia boleh melahirkan keyakinan terhadap semua.

MEMPUNYAI KEYAKINAN – TO HAVE CONFIDENCE

Dia **mempunyai keyakinan** *untuk lulus dalam peperiksaan SPM tahun ini.*
He is confident he will pass the SPM examination this year.

Keluarganya **mempunyai keyakinan** *bahawa Salim boleh menjalankan tugas-tugasnya.*
Salim's family has confidence in his ability to carry out his duties.

Bapa saya **mempunyai keyakinan** *bahawa perniagaannya bulan ini akan mendatangkan keuntungan.*
My father is confident his business this month will bring profits.

Orang-orang kampung sudah **mempunyai keyakinan** *kepada cara-cara perubatan moden.*
The kampung folk now have confidence in modern medical treatment.

Saya mesti berusaha bersungguh-sungguh sebab ramai orang **mempunyai keyakinan** *yang saya boleh membuat kerja itu.*
I must work diligently because many people have confidence in my ability to do the job.

Untuk mendapat kejayaan dalam sesuatu yang kita lakukan, kita mesti **mempunyai keyakinan** *yang kuat.*
We must possess confidence to attain success in whatever we set out to do.

Adakah awak mempunyai keyakinan dalam tugas awak itu?
Ya, saya mempunyai keyakinan dalam tugas itu.

MAHU TINGGAL – WANT TO STAY/LIVE

Pelajar-pelajar itu **mahu tinggal** *berhampiran dengan maktab.*
The students want to stay near the college.

Kalau awak **mahu tinggal** *di situ beritahu kepada penghulu.*
If you want to stay there inform the headman.

Pelawat-pelawat itu **mahu tinggal** *di Pulau Pinang.*
The visitors want to stay in Penang.

Ramai orang **mahu tinggal** *di Taiping.*
Many people want to live in Taiping.

Pengakap-pengakap itu **mahu tinggal** *di kawasan luar bandar.*
The scouts want to stay in the rural areas.

Tidak siapa pun **mahu tinggal** *di situ.*
No one wants to stay there.

Ramai orang mahu tinggal di kawasan subur itu.
Mereka tidak mahu tinggal di daerah itu.

YANG DISOKONGNYA – WHICH HE SUPPORTED

Syor-syor **yang disokongnya** *patut ditimbangkan.*
The suggestions he supported should be considered.

Parti **yang disokongnya** *menang dalam Pilihanraya.*
The Party which he supported won in the election.

Calon **yang disokongnya** *tidak berjaya.*
The candidate whom he supported did not win.

Pemimpin **yang disokongnya** *tidak mengenang budi.*
The leader whom he supported is not grateful.

Syor-syor **yang disokongnya** *tidak berguna.*
The proposals which he supported were not useful.

Pihak **yang disokongnya** *tidak mahu menolongnya sekarang.*
The party whom he supported does not want to help him now.

Apa juga yang disokongnya ditolak juga.
Cadangan yang disokongnya tidak diterima dengan sebulat suara.

TIDAK LAMA DAHULU – NOT LONG AGO

Mereka mengambil keputusan itu **tidak lama dahulu**.
They made the decision not so long ago.

Tidak lama dahulu *mereka melancarkan projek itu.*
Not long ago they launched the project.

Tidak lama dahulu *pengakap-pengakap itu berkhemah di Teluk Bahang.*
Not long ago the scouts camped in Teluk Bahang.

Tidak lama dahulu *Perdana Menteri kita melawat India.*
Not long ago our Prime Minister visited India.

Tidak lama dahulu *mendiang Tun Sambathan mengesyorkan Sungai Siput memerlukan sebuah hospital.*
Not long ago the late Tun Sambathan suggested that Sungai Siput needed a hospital.

Tidak lama dahulu *pemimpin itu menderma seribu ringgit kepada kuil di Sungai Siput.*
Not long ago, the leader donated one thousand ringgit to the Hindu Temple in Sungai Siput.

Tidak lama dahulu saya berada di Korea Selatan.
Tidak lama dahulu dia menjemput saya ke negeri Jepun.

MEMANG MENGETAHUI – TO KNOW WELL

Ramai orang **memang mengetahui** *undang-undang baru itu.*
Many people know the new laws well.

Ramai orang **memang mengetahui** *perihal rukunegara dan rukun tetangga.*
Many people know about Rukunegara and Rukun Tetangga well.

Askar-askar itu **memang mengetahui** *mereka tidak akan menang.*
The soldiers know well that they will not win.

Pelajar-pelajar itu **memang mengetahui** *mereka tidak akan lulus dalam mata pelajaran itu.*
The students know well that they will not pass in the subject.

Pegawai-pegawai itu **memang mengetahui** *peraturan-peraturan baru itu.*
The officers know the new regulations well.

Majikan-majikan itu **memang mengetahui** *undang-undang buruh.*
The employers know the labour laws well.

Dia memang mengetahui hal itu.
Mereka memang mengetahui tentang masalah rumit itu.

MESTILAH BERTANGGUNG-JAWAB – MUST HAVE A SENSE OF RESPONSIBILITY
• BE RESPONSIBLE

Guru-guru **mestilah bertanggungjawab**.
Teachers must be responsible.

Pegawai polis **mestilah bertanggungjawab** *tatkala menjalankan tugas.*
Police officers must be responsible while performing their duties.

Pegawai-pegawai kanan **mestilah bertanggungjawab** *dan jujur.*
Senior officers must be responsible and sincere.

Mereka **mestilah bertanggungjawab** *sebab tugas itu bahaya.*
They must have a sense of responsibility because the task is dangerous.

Seorang doktor **mestilah bertanggungjawab** *dan ikhlas.*
A doctor must be responsible and sincere.

Pelajar-pelajar **mestilah bertanggungjawab** *dan belajar dengan bersungguh-sungguh.*
Students must be responsible and study hard.

Ibu bapa mestilah bertanggungjawab setiap masa.
Seorang pengakap yang jujur mestilah bertanggungjawab.

MENYOKONG PERJUANGAN -- TO SUPPORT A STRUGGLE/-CAUSE

Kumpulan yang **menyokong perjuangan** *salah itu telah dihancurkan.*
The ring that supported the illegal cause has been smashed.

Semua ahli parti diseru **menyokong perjuangan** *parti untuk keharmonian negara.*
All party members are urged to support the party's struggle for national harmony.

Jika pemimpin itu jujur tentu sahaja ramai yang **menyokong perjuangan***nya.*
If the leader is sincere, it is certain many will support his cause.

Kami sedia **menyokong perjuangan** *parti awak kalau ideologinya sesuai dengan kami.*
We are prepared to support your party's cause if its ideology is suited to us.

Setiap rakyat patut berdiri **menyokong perjuangan** *kerajaan membasmi kemiskinan di negara ini.*
Everyone should stand up and support the government's struggle to wipe out poverty in this country.

Ada orang yang **menyokong perjuangan** *seseorang pemimpin itu semata-mata untuk muslihat diri.*
There are people who support the cause of a leader solely for their own ends.

Adakah orang yang menyokong perjuangan haram itu?
Tidak ada orang yang menyokong perjuangan haram itu.

KEWAJIPAN MEMBANTU – DUTY/OBLIGATION/-NECESSITY TO ASSIST/-HELP/AID

Kewajipan membantu *jiran-jiran dalam kesusahan menjadi tanggungjawab kita.*
As responsible people, it is our duty to assist neighbours in difficulty.

Abang saya mempunyai **kewajipan membantu** *adik-adiknya yang masih bersekolah.*
My elder brother has an obligation to assist his younger brothers who are still schooling.

Setiap anggota masyarakat mempunyai **kewajipan membantu** *antara satu dengan lain.*
All members in our society have an obligation to assist one another.

Para guru mempunyai **kewajipan membantu** *murid yang menghadapi masalah dalam pelajaran.*
Teachers have a duty to assist pupils faced with problems in their studies.

Ibu bapa juga mempunyai **kewajipan membantu** *pelajaran anak-anak.*
Parents too are duty bound to assist in the studies of their children.

Kewajipan membantu *adalah warisan peninggalan nenek moyang kita.*
The obligation to assist is a heritage from our ancestors.

Siapakah yang mempunyai kewajipan membantu mereka?
Kita semua mempunyai kewajipan membantu mereka.

BESAR KEMUNGKINAN – GREAT POSSIBILITY

Besar kemungkinan *peraduan itu akan diadakan di Pulau Pinang.*
There is a great possibility that the contest will be held in Penang.

Besar kemungkinan *tiga orang wanita akan dipilih.*
There is a great possibility that three ladies will be elected.

Besar kemungkinan *Perdana Menteri England, Puan Margaret Thatcher akan melawat Malaysia.*
There is a great possibility that the Prime Minister of England, Mrs Margaret Thatcher will visit Malaysia.

Besar kemungkinan *kejadian yang tidak diingini berlaku di negeri itu.*
There is a great possibility that the undesired incident will occur in that country.

Besar kemungkinan *perjanjian itu akan ditandatangani pada hari Jumaat.*
There is a great possibility that the agreement will be signed on Friday.

Besar kemungkinan *syor-syor itu akan diterima oleh jawatankuasa itu.*
There is a great possibility that the suggestions will be accepted by the committee.

Besar kemungkinan dia akan dipilih sebagai ketua.
Memang besar kemungkinan rombongan itu akan melawat Korea Utara.

BERBAGAI-BAGAI PERSOALAN – VARIOUS PROBLEMS

Mereka tidak sangka mereka akan diganggu oleh **berbagai-bagai persoalan**.
They did not anticipate that they would be hindered by various problems.

Mereka mengambil segala ikhtiar untuk mengatasi **berbagai-bagai persoalan** *itu.*
They made every effort to overcome the various problems.

Mereka membicarakan **berbagai-bagai persoalan**.
They are discussing various problems.

Berbagai-bagai persoalan *mengganggu rancangan baru itu.*
Various problems hamper the new programme.

Berbagai-bagai persoalan *menghindar projek-projek baru itu.*
Various problems thwart the new projects.

Pemimpin-pemimpin itu berazam mengatasi **berbagai-bagai persoalan** *itu.*
The leaders have resolved to overcome the various problems.

Mereka menghadapi berbagai-bagai persoalan.
Berbagai-bagai persoalan mengelirukan mereka.

ANCAMAN DARI LUAR – EXTERNAL THREAT

Pihak polis mengawasi **ancaman dari luar**.
The police are observing the external threat.

Ancaman dari luar *boleh merosotkan Dasar Ekonomi Baru.*
The external threat can aggravate the New Economic Policy.

Ancaman dari luar *boleh membahayakan keselamatan negara.*
An external threat can endanger the safety of the country.

Pemimpin-pemimpin itu membincangkan **ancaman dari luar**.
The leaders are discussing the external threat.

Kerajaan kita sedar akan **ancaman dari luar**.
Our government is aware of the external threat.

Rakyat jelata patut menentang **ancaman dari luar**.
The people should oppose the external threat.

Kita mesti memperhatikan ancaman dari luar.
Ancaman dari luar patut disekat dengan segera.

KEMUDAHAN YANG DISEDIA-KAN – FACILITIES PROVIDED

Pelajar-pelajar itu tidak puas hati dengan **kemudahan yang disediakan**.
The students are not satisfied with the facilities provided.

Kemudahan yang disediakan *bagi pelancong-pelancong itu tidak begitu memuaskan hati.*
The facilities provided for the tourists are not very satisfactory.

Mereka menegaskan bahawa mereka tidak puas hati dengan **kemudahan yang disediakan**.
They stressed that they were not satisfied with the facilities provided.

Petani-petani itu merasa gembira dengan **kemudahan yang disediakan** *oleh kerajaan.*
The farmers are happy with the facilities provided by the government.

Mereka tidak mengulas tentang **kemudahan yang disediakan**.
They did not comment on the facilities provided.

Sesungguhnya penuntut-penuntut itu berterima kasih di atas **kemudahan yang disediakan**.
The student were indeed thankful for the facilities provided.

Saya puas hati dengan kemudahan yang disediakan.
Kemudahan yang disediakan sungguh memuaskan hati.

DENGAN JELAS – CLEARLY

Pemimpin itu menyatakan maksudnya **dengan jelas**.
The leader explained his intentions clearly.

Saya sempat menerangkan segala-galanya **dengan jelas**.
I had the opportunity to explain everything clearly.

Dia tidak menyampaikan hujah-hujahnya **dengan jelas**.
He did not convey his views clearly.

Pensyarah itu membincangkan peraturan baru itu **dengan jelas**.
The lecturer discussed the new regulations clearly.

Kita mestilah menerangkan maksud kita **dengan jelas**.
We must explain our intentions clearly.

Saya memahami tujuan pemimpin itu **dengan jelas**.
I understand the aim of the leader clearly.

Encik Malik menerangkan perkara itu dengan jelas.
Sebenarnya dia tidak menerangkan perkara itu dengan jelas.

MENGGUNAKAN SEGALA KEMUDAHAN —TO UTILISE ALL FACILITIES

Kita boleh berjaya kalau kita **menggunakan segala kemudahan**.
We can succeed if we utilise all the facilities.

Mereka mencapai kejayaan yang cemerlang sebab mereka **menggunakan segala kemudahan** *yang diberi.*
They achieved great success because they utilised all the facilities provided.

Kalau kita **menggunakan segala kemudahan** *dengan bijak rancangan itu pasti akan berjaya.*
If we utilise all the facilities wisely the plan will definitely succeed.

Saya hairan mengapa nelayan-nelayan itu tidak **menggunakan segala kemudahan** *yang dibekalkan.*
I am surprised that the fishermen are not utilising all the facilities provided.

Saya akan **menggunakan segala kemudahan** *itu demi kepentingan saya.*
I will utilise all the facilities for my welfare.

Abang saya berjaya sebab dia **menggunakan segala kemudahan** *dengan bijaksana .*
My elder brother succeeded because he utilised all the facilities wisely.

Kita mestilah menggunakan segala kemudahan yang diberi.
Hanya orang yang bodoh tidak menggunakan segala kemudahan yang dibekalkan.

DIMILIKI OLEH – OWNED BY

Hakcipta buku-buku ini **dimiliki oleh** *Joe.*
The copyright of those books is owned by Joe.

Rumah yang besar itu **dimiliki oleh** *Francis.*
The big house is owned by Francis.

Kebun getah yang besar itu juga **dimiliki oleh** *Malik.*
The big rubber plantation is also owned by Malik.

Kedai yang **dimiliki oleh** *saudagar itu terbakar.*
The shop owned by the merchant was burnt down.

Harta benda yang **dimiliki oleh** *saudagar itu amat tinggi nilainya.*
The value of the property owned by the merchant is high.

Kereta yang **dimiliki oleh** *pegawai kanan telah dicuri semalam.*
The car owned by the senior officer was stolen last night.

Bangunan yang dimiliki oleh syarikat swasta itu sudah pun disewakan.
Tanah yang dimiliki oleh saudagar itu diambil oleh kerajaan.

YANG MEMBAWA KEUNTUNGAN – WHICH BRINGS PROFITS

Rancangan-rancangan yang **membawa keuntungan** *tidak boleh dibatalkan.*
Programmes which bring profit should not be cancelled.

Rancangan-rancangan **yang membawa keuntungan** *patutlah digalakkan.*
Programmes which bring profit should be encouraged.

Sesiapa pun tidak akan menolak projek **yang membawa keuntungan**.
No one will discard a project which brings profits.

Pelajar-pelajar mesti menumpukan perhatian terhadap perkara-perkara **yang membawa keuntungan**.
Students should concentrate on matters which bring profit.

Saya tahu rancangan apa **yang membawa keuntungan** *kepada kita semua.*
I know what plans will bring profits for all of us.

Saya memang hairan mengapa mereka tidak mementingkan perkara **yang membawa keuntungan**.
I am indeed surprised that they are not concerned about a matter which brings profit.

Perkara yang membawa keuntungan mesti diutamakan.
Projek yang membawa keuntungan itu mesti diteruskan.

MEMBERI SOKONGAN MORAL – GIVE MORAL SUPPORT

Kerajaan patutlah **memberi sokongan moral** *kepada petani-petani dan nelayan-nelayan.*
The government should give moral support to farmers and fishermen.

Kita mestilah **memberi sokongan moral** *kepada golongan kecil itu.*
We must give moral support to the minority group.

Kalau kita **memberi sokongan moral** *mereka boleh mencapai kejayaan.*
If we give moral support they will achieve success.

Mereka seringkali **memberi sokongan moral** *kepada yang tertindas.*
They frequently give moral support to the oppressed.

Mereka **memberi sokongan moral** *kepadanya sebab tindakan yang diambil itu tidak adil.*
They are extending them moral support because the action taken is unfair.

Mereka **memberi sokongan moral** *dengan tujuan membentukkan akhlak mereka.*
They give moral support with an aim to mould their character.

Saya pasti akan memberi sokongan moral kepada mereka.
Saya tidak faham mengapa jawatankuasa tidak memberi sokongan moral kepada kita.

SELEPAS KEMALANGAN – AFTER THE ACCIDENT

Selepas kemalangan *itu jalan itu dijadikan jalan sehala.*
After the accident the road was made a one-way street.

Selepas kemalangan *itu sebuah pondok polis didirikan di tempat itu.*
After the accident a police booth was built at the place.

Selepas kemalangan *itu laju kenderaan dihadkan kepada 50 kilometer sejam.*
After the accident the speed limit was lowered to 50 kilometers per hour.

Selepas kemalangan *itu Ketua Polis Lalulintas memberi amaran keras.*
After the accident the Chief of Traffic Police issued a severe warning.

Selepas kemalangan *itu dua orang mata-mata ditempatkan di kawasan itu.*
After the accident two policemen were stationed in that area.

Selepas kemalangan *itu sebuah klinik dibina tidak jauh dari jalan raya itu.*
After the accident a clinic was built not far from the main road.

Selepas kemalangan itu mereka berhati-hati.
Selepas kemalangan itu polis selalu meronda di kawasan itu.

SERING MUNCUL BERSAMA – OFTEN FOUND/APPEAR TOGETHER

Dua orang pelajar yang rajin itu **sering muncul bersama**.
Those two hard-working students are often found together.

Penyokong-penyokong pemimpin itu **sering muncul bersama**.
That leader's supporters are often found together.

Pihak polis mengesyaki gerak-geri mereka sebab mereka **sering muncul bersama**.
The police suspect their movements because they are often found together.

Pasangan tua itu **sering muncul bersama** *dalam mesyuarat atau jamuan.*
The old couple are often found together at meetings or dinners.

Mereka **sering muncul bersama** *apabila pertunjukan diadakan di kampung itu.*
They always appear together whenever a show is staged in the village.

Apabila pelawat-pelawat tiba di pekan itu, mereka **sering** *melihat pasangan itu* **muncul bersama**.
Whenever visitors arrive at that town, they always find that couple together.

Pengakap-pengakap itu sering muncul bersama.
Adik beradik itu sering muncul bersama di mana jua pun.

ATAS DASAR PERIKEMANUSIAAN – ON HUMANITARIAN GROUNDS

Orang tua itu diberi bantuan **atas dasar perikemanusiaan**.
The old man was granted aid on humanitarian grounds.

Petani-petani di kampung itu diberi jentera-jentera moden **atas dasar perikemanusiaan**.
The farmers in the village were given modern machinery on humanitarian grounds.

Mereka diberi tanah untuk membina rumah **atas dasar perikemanusiaan.**
They were given land to build houses on humanitarian grounds.

Penganggur-penganggur itu diberi bantuan wang **atas dasar perikemanusiaan**.
The unemployed were given monetary assistance on humanitarian grounds.

Buruh-buruh itu diberi beras dan garam **atas dasar perikemanusiaan**.
The labourers were given rice and salt on humanitarian grounds.

Orang miskin diberi tawaran istimewa **atas dasar perikemanusiaan**.
The poor were made a special offer on humanitarian grounds.

Pelajar itu dibebaskan atas dasar perikemanusiaan.
Saya merayu atas dasar perikemanusiaan.

APA YANG KITA KEHENDAKI – WHAT WE NEED/REQUIRE

Apa yang kita kehendaki *ialah tapak untuk membina rumah.*
What we need is a site to build houses.

Apa yang kita kehendaki *ialah beras dan garam.*
What we need is rice and salt.

Apa yang kita kehendaki *ialah satu peraturan yang sesuai.*
What we need is an acceptable regulation.

Apa yang kita kehendaki *ialah sokongan daripada orang ramai.*
What we need is support from the public.

Apa yang kita kehendaki *ialah bahan-bahan mentah sahaja.*
What we need are raw materials only.

Apa yang kita kehendaki *ialah satu sistem yang dapat diterima.*
What we need is a system that is acceptable.

Apa yang kita kehendaki ialah keamanan, bukan kehancuran.
Apa yang kita kehendaki ialah pemerintahan yang adil.

MEMBUKTIKAN TANPA RAGU-RAGU – TO PROVE BEYOND ANY DOUBT

Mereka **membuktikan** *hasrat mereka* **tanpa ragu-ragu**.
They proved their aspirations beyond any doubt.

Mereka **membuktikan tanpa ragu-ragu** *bahawa tempat itu tidak sesuai.*
They proved beyond any doubt that the place was not suitable.

Dia **membuktikan tanpa ragu-ragu** *rancangan itu tidak akan membawa sebarang faedah.*
He proved beyond any doubt that the plan would not bring any benefits.

Mereka **membuktikan tanpa ragu-ragu** *daya usaha mereka pasti berjaya.*
They proved beyond any doubt that their untiring efforts would definitely succeed.

Saudagar-saudagar itu **membuktikan tanpa ragu-ragu** *saham-saham itu kukuh.*
The merchants proved beyond any doubt that the shares were strong.

Nelayan-nelayan itu **membuktikan tanpa ragu-ragu** *mereka memerlukan bantuan.*
The fishermen have proved beyond any doubt that they need assistance.

Dia telah membuktikan kehandalannya tanpa ragu-ragu.
Dia telah membuktikan kejujurannya tanpa ragu-ragu.

TIDAK AKAN MELIBATKAN DIRI — WILL NOT GET INVOLVED

Nelayan-nelayan itu **tidak akan melibatkan diri** *dalam persengketaan itu.*
The fishermen will not get involved in the quarrel.

Pegawai-pegawai kanan **tidak akan melibatkan diri** *dalam perkara itu.*
The senior officers will not involve themselves in the matter.

Mereka **tidak akan melibatkan diri** *dalam rancangan baru itu.*
They will not get involved in the new programme.

Persatuan-persatuan itu **tidak akan melibatkan diri** *dalam kegiatan-kegiatan kesatuan-kesatuan itu.*
The associations will not get involved in the activities of the unions.

Penuntut-penuntut sekolah ini **tidak akan melibatkan diri** *dalam hal itu.*
The students of this school will not get involved in this matter.

Mereka berjanji **tidak akan melibatkan diri** *dalam pergaduhan itu.*
They promised not to get involved in the quarrel.

Mereka tidak akan melibatkan diri dalam hal itu.
Pelajar-pelajar itu tidak akan melibatkan diri dalam politik.

TIDAK DAPAT MENUNJUKKAN – UNABLE TO SHOW/PRODUCE

Mereka **tidak dapat menunjukkan** *bukti-bukti yang dikehendaki.*
They were unable to produce the proof that was required.

Pelajar-pelajar itu **tidak dapat menunjukkan** *sijil-sijil yang diperlukan.*
The students were unable to produce the required certificates.

Seniman-seniman itu **tidak dapat menunjukkan** *bakat mereka pada malam itu.*
The artists were unable to display their talents that night.

Pegawai-pegawai itu **tidak dapat menunjukkan** *bukti-bukti yang dapat diterima.*
The officers were unable to produce proof that could be accepted.

Nelayan-nelayan itu **tidak dapat menunjukkan** *bukti, mereka dirompak oleh lanun.*
The fishermen were unable to produce any evidence to indicate that they were robbed by the pirates.

Pelajar-pelajar itu **tidak dapat menunjukkan** *bukti mereka telah lulus dalam Bahasa Malaysia.*
The students were unable to show any proof that they had passed in Bahasa Malaysia.

Orang itu tidak dapat menunjukkan bakatnya.
Penyeludup-penyeludup itu tidak dapat menunjukkan sebarang visa.

ASALKAN TIDAK MELANGGAR UNDANG-UNDANG – PROVIDED THE LAWS ARE NOT VIOLATED/INFRINGED

Asalkan tidak melanggar undang-undang, *anda boleh mengambil bahagian.*
You can participate provided that by doing so the laws are not infringed.

Asalkan tidak melanggar undang-undang, *mereka boleh membeli saham.*
Provided the law will not violated, they can buy the shares.

Mesyuarat khas itu boleh diadakan, **asalkan tidak melanggar undang-undang**.
The special meeting can be held provided the laws are not infringed.

Mereka boleh menebang pokok-pokok itu, **asalkan tidak melanggar undang-undang**.
They can fell the trees provided the laws are not violated.

Asalkan tidak melanggar undang-undang, *pegawai itu boleh menjadi ahli parti politik itu.*
The officer can become a member of that political party, provided the laws are not infringed.

Asalkan tidak melanggar undang-undang, *penuntut-penuntut itu boleh membincangkan peraturan-peraturan baru itu.*
Provided the laws are not infringed, the students can discuss the new regulations.

Projek baru itu boleh dijalankan asalkan tidak melanggar undang-undang.
Kegiatan itu boleh diteruskan asalkan tidak melanggar undang-undang.

ADALAH DIKHUATIRKAN – IT IS FEARED

Adalah dikhuatirkan *anak jutawan itu dicolek kelmarin.*
It is feared that the millionaire's son was kidnapped yesterday.

Adalah dikhuatirkan *mangsa-mangsa banjir itu tidak diberi sebarang bantuan.*
It is feared that no assistance was given to the flood victims.

Adalah dikhuatirkan *pegawai polis itu ditahan oleh samseng-samseng itu.*
It is feared that the police officer was held by the urchins.

Adalah dikhuatirkan *ramai orang akan gagal dalam peperiksaan itu.*
It is feared many people will fail in the examination.

Adalah dikhuatirkan *pegawai yang tidak bertanggungjawab itu akan disingkirkan daripada jawatannya.*
It is feared that that irresponsible officer will be relieved of his post.

Adalah dikhuatirkan *mangsa-mangsa runtuhan tanah itu tidak dapat diselamatkan.*
It is feared that the victims of the landslide cannot be rescued.

Adalah dikhuatirkan ramai orang mati dalam pertempuran itu.
Adalah dikhuatirkan hampir lima puluh orang nelayan mati lemas pada malam itu.

ADALAH KARUT SEMATA-MATA — IT IS INDEED RIDICULOUS

Adalah karut semata-mata *menyuarakan pendapat-pendapat begitu.*
It is indeed ridiculous to voice such opinions.

Syarat-syarat baru itu **adalah karut semata-mata.**
The new stipulations are indeed ridiculous.

Keputusan yang diambil oleh jawatankuasa itu **adalah karut semata-mata**.
The decision taken by the committee is indeed ridiculous.

Hujah-hujah golongan kecil itu **adalah karut semata-mata**.
The views of the minority group are indeed ridiculous.

Nasihat pemimpin yang tidak bertanggungjawab itu **adalah karut semata-mata**.
The advice given by that irresponsible leader is indeed ridiculous.

Adalah karut semata-mata *menuduh mereka malas dan tidak bertanggungjawab.*
It is indeed ridiculous to accuse them of being lazy and irresponsible.

Tuduhan-tuduhan itu adalah karut semata-mata.
Pendapat-pendapat mereka adalah karut semata-mata.

MEMANG DICURIGAI OLEH – DEFINITELY CONSIDERED SUSPECT/DOUBTED BY

Gerak-geri mereka **memang dicurigai oleh** *pihak polis.*
Their movements are definitely considered suspect by the police.

Kelakuan pelajar yang luar biasa itu **memang dicurigai oleh** *para pensyarah.*
The student's extraordinary behaviour is definitely considered suspect by the lecturers.

Keputusan yang diambil oleh jawatankuasa itu **memang dicurigai oleh** *pemberita-pemberita.*
The decision taken by the committee is definitely considered suspect by the journalists.

Kegiatan-kegiatan kesatuan-kesatuan itu **memang dicurigai oleh** *kerajaan.*
The activities of the unions are definitely considered suspect by the government.

Tindakan yang tidak adil itu **memang dicurigai oleh** *pemimpin-pemimpin itu.*
The unfair action was definitely considered suspect by the leaders.

Kegiatan pelajar-pelajar nakal itu **memang dicurigai oleh** *pegawai pelajaran.*
The activities of those naughty students are definitely considered suspect by the education officer.

Tindakan-tindakan mereka memang dicurigai oleh kerajaan.
Kegiatan-kegiatan mereka yang tidak bertanggungjawab itu memang dicurigai oleh kebanyakan pemimpin.

MENARIK MINAT – ATTRACT ATTENTION

Pertunjukan itu **menarik minat** *ramai orang di Kuala Kangsar.*
The show attracted the attention of many people in Kuala Kangsar.

Perbahasan di Universiti Malaya itu **menarik minat** *ramai pelajar di luar.*
The debate at the University Malaya attracted the attention of many other students.

Perarakan di bandar besar itu **menarik minat** *para pemberita.*
The procession in the big city attracted the attention of the journalists.

Pertandingan badminton itu **menarik minat** *ramai orang.*
The badminton match attracted the attention of many people.

Pilihanraya di Sabah dan Sarawak **menarik minat** *wartawan-wartawan di seluruh dunia.*
The elections in Sabah and Sarawak attracted the attention of journalists throughout the world.

Perayaan Thaipusam di Asia **menarik minat** *pelancong-pelancong dari barat.*
The Thaipusam Festival in Asia attracts the attention of tourists from the west.

Rancangan baru itu menarik minat ramai orang.
Temasya laut itu menarik minat pelancong-pelancong yang tiba dari Sepanyol.

YANG PERNAH DISEBUT – WHICH HAS BEEN SAID/-MENTIONED

Janganlah mengulang perkara-perkara **yang pernah disebut** *dahulu.*
Do not repeat matters which have been mentioned before.

Syarat-syarat **yang pernah disebut** *ditegaskan semula.*
The conditions which have been laid down were emphasised again.

Dasar Ekonomi Baru **yang pernah disebut,** *diulang semula sebab ramai orang tidak memahami tujuannya.*
The New Economic Policy which has been mentioned previously was repeated because most people did not understand its aims.

Syarat-syarat **yang pernah disebut** *terpaksa diulang semula kepada pelajar-pelajar di bandar itu.*
The conditions which have been mentioned had to be repeated to the students in that city.

Amaran seperti itu adalah sama seperti **yang pernah disebut** *oleh pegawai kanan itu.*
That warning is similar to the one which has been mentioned by the senior officer.

Cadangan-cadangan seperti itu **pernah disebut** *oleh penghulu-penghulu kampung itu.*
The suggestions are such as those which have been mentioned by the village headmen.

Perkara yang pernah disebut belum lagi dibincangkan.
Apa yang pernah disebut dinafikan pula sekarang.

TIDAK AKAN MENJEJASKAN – WILL NOT JEOPARDISE/-DISTURB

Syarat-syarat baru itu **tidak akan menjejaskan** *suasana dalam daerah itu.*
The new conditions will not disturb the atmosphere in the district.

Peraturan-peraturan baru itu **tidak akan menjejaskan** *jadual kerja.*
The new regulations will not disturb the work schedule.

Rancangan baru itu **tidak akan menjejaskan** *kegiatan-kegiatan kami.*
The new programme will not jeopardise our activities.

Suasana politik dalam negara itu, **tidak akan menjejaskan** *kestabil-an perekonomian negara.*
The political atmosphere in that country will not jeopardise the economic stability of the country.

Mogok haram itu **tidak akan menjejaskan** *pentadbiran negara.*
The illegal strike will not jeopardise the administration of the country.

Keputusan Lembaga itu **tidak akan menjejaskan** *Dasar Ekonomi Baru.*
The decision of the Board will not jeopardise the New Economic Policy.

Kegiatan-kegiatan mereka tidak akan menjejaskan rancangan kami.
Tindakan mereka tidak akan menjejaskan perpaduan negara.

MALAH LEBIH DARI — IN FACT MORE THAN

Malah lebih dari *lapan puluh peratus harta itu musnah oleh api.*
In fact more than eighty percent of the property was destroyed by fire.

Malah lebih dari *dua ribu orang nelayan mendapat bantuan daripada kerajaan.*
In fact more than two thousand fishermen receive aid from the government.

Malah lebih dari *tiga ribu orang pelajar Malaysia menuntut di universiti-universiti India.*
In fact more than three thousand Malaysian students are studying in Indian Universities.

Malah lebih dari *lapan puluh peratus pengundi-pengundi mengundi dalam Pilihanraya itu.*
In fact more than eighty percent of the voters cast their votes in the General Election.

Malah lebih dari *tiga puluh orang didenda sebab tidak membawa kad pengenalan.*
In fact more than thirty people were fined for not carrying their identity cards.

Malah lebih dari *tiga ratus orang mengidap penyakit semasa wabak itu.*
In fact more than three hundred people were inflicted by the disease during the epidemic.

Malah lebih dari tiga ribu orang menyertai perarakan itu.
Malah lebih dari dua puluh ribu orang lulus dalam peperiksaan penting itu.

HARUSLAH MEMAHAMI – SHOULD UNDERSTAND/-COMPREHEND

Mereka **haruslah memahami** *Rukunegara yang diperkenalkan oleh Allahyarham Tun Abdul Razak.*
They should understand the Rukunegara which was introduced by the late Tun Abdul Razak.

Mereka **haruslah memahami** *betapa pentingnya Bahasa Malaysia.*
They should understand how important Bahasa Malaysia is.

Mereka **haruslah memahami** *suasana politik dalam negara itu.*
They should comprehend the political atmosphere in that country.

Mereka **haruslah memahami** *masalah pendatang-pendatang haram.*
They should understand the problem of illegal immigrants.

Kita **haruslah memahami** *selok-belok Rancangan Malaysia Yang Ketiga.*
We should comprehend all the aspects of the Third Malaysia Plan.

Kita **haruslah memahami** *bukan sahaja sejarah tanahair tetapi juga sejarah dunia.*
We should comprehend not only the history of our country also of the world.

Kita haruslah memahami selok-belok Dasar Ekonomi Baru.
Kita haruslah memahami tujuan utama Rancangan Malaysia Ketiga.

TIDAK ADA SEBAB – THERE IS NO REASON

Tidak ada sebab *bagi mereka untuk mengambil tindakan keras itu.*
There is no reason for them to take such stern action.

Tidak ada sebab *langsung bagi mereka melanggar undang-undang.*
There is no reason whatsoever for them to violate the law.

Tidak ada sebab *mengapa mereka didenda tiga ribu ringgit.*
There is no reason why they were fined three thousand dollars.

Tidak ada sebab *mengapa mereka dihalang mengambil bahagian dalam perbahasan itu.*
There is no reason as to why they are barred from participating in the debate.

Tidak ada sebab *mengapa Dasar Ekonomi Baru itu ditentang oleh saudagar-saudagar itu.*
There is no reason why the New Economic Policy is opposed by the traders.

Tidak ada sebab *mengapa ramai orang gagal dalam peperiksaan itu.*
There is no reason why many people failed in the examination.

Tidak ada sebab mengapa mereka gagal dalam peperiksaan.
Tidak ada sebab mengapa mereka tidak dibenarkan mengambil bahagian dalam pertandingan itu.

DENGAN LAIN PERKATAAN – IN OTHER WORDS

Dengan lain perkataan *mereka tidak berminat dalam perkara itu.*
In other words they are not interested in the matter.

Dengan lain perkataan *syarat-syarat itu tidaklah adil sama sekali.*
In other words the stipulations are not fair at all.

Dengan lain perkataan *mereka berazam menjayakan Dasar Ekonomi Baru.*
In other words they are determined to make the New Economic Policy a success.

Dengan lain perkataan *mereka belum lagi memahami tujuan Rancangan Malaysia Ketiga.*
In other words they have not understood the aims of the Third Malaysia Plan.

Dengan lain perkataan *tindakan yang diambil oleh kerajaan adalah adil dan saksama.*
In other words the action taken by the government is fair and just.

Dengan lain perkataan *mereka tidak mahir dalam pertukangan kayu.*
In other words they are not skilled in carpentry.

Dengan lain perkataan tindakan keras itu tidaklah adil.
Dengan lain perkataan kelakuan budak-budak itu tidaklah senonoh.

SEBAGAI GOLONGAN – AS A CLASS/GROUP

Sebagai golongan *terpelajar, mereka sudah pun membuktikan kecekapan mereka.*
As they are an educated group they have proved their proficiency.

Sebagai golongan *kaya, mereka menghulurkan derma kepada kebanyakan persatuan.*
As they are a rich group they have donated to many associations.

Sebagai golongan *pekerja, mereka merayakan Hari Buruh dengan cara besar-besaran.*
As they are a group of workers they celebrated Labour Day on a grand scale.

Sebagai golongan *pelampau, mereka seringkala mengganggu usaha-usaha kerajaan.*
As they are a group of extremists they often disturb the undertakings of the government.

Sebagai golongan *saudagar, mereka asyik membeli saham-saham.*
As they are a group of merchants they are keen to buy shares.

Sebagai golongan *minoriti mereka mendesak kerajaan mementingkan kebajikan mereka.*
Being a minority group they urge the government to give priority to their welfare.

Mereka bekerja dengan bersungguh-sungguh sebagai golongan bertanggungjawab.
Mereka merayu demi keadilan, sebagai golongan kecil.

TIDAK AKAN MELAKUKAN – WILL NOT COMMIT/-UNDERTAKE

Saya **tidak akan melakukan** *kesalahan itu lagi.*
I will not commit the mistake again.

Mereka berjanji **tidak akan melakukan** *kerja yang hina itu.*
They promised not to do that mean deed again.

Pelajar-pelajar itu **tidak akan melakukan** *perbuatan itu yang tidak bertanggungjawab.*
The students will not commit that irresponsible act.

Mereka **tidak akan melakukan** *kerja yang tidak sesuai itu.*
They will not undertake work that is unsuitable.

Mereka **tidak akan melakukan** *usaha yang merugikan itu.*
They will not undertake a venture which is not profitable.

Pekerja-pekerja itu **tidak akan melakukan** *sesuatu yang membahayakan kedudukan mereka.*
The workers will not do anything that will endanger their position.

Mereka tidak akan melakukan kesalahan seperti itu lagi.
Mereka tidak akan melakukan kegiatan-kegiatan yang tidak berfaedah.

ADA JUGA BERLAKU – ALSO HAPPENS/OCCURS/-TAKES PLACE

Ada juga berlaku *pencolekan di negeri kita.*
Kidnapping occurs in our country too.

Ada juga berlaku *kegiatan-kegiatan yang tidak diingini, di daerah itu.*
Undesirable activities occur in that district too.

Ada juga berlaku *pembunuhan di negara itu.*
Murders take place in that country too.

Ada juga berlaku *rasuah di kalangan kakitangan kerajaan.*
Corruption is prevalent among government servants too.

Ada juga berlaku *pertengkaran di antara suami dan isteri.*
Quarrels take place between husbands and wives too.

Ada juga berlaku *penipuan di kalangan saudagar.*
Cheating occurs among merchants too.

Ada juga berlaku pertempuran-pertempuran di kawasan itu.
Ada juga berlaku rompakan-rompakan di laut.

SETELAH MENDAPAT MAKLUMAT – AFTER RECEIVING THE INFORMATION

Setelah mendapat maklumat *itu, dia pun berasa bimbang.*
After receiving the information he got worried.

Victor bertolak ke Kuala Kangsar **setelah mendapat maklumat** *itu.*
Victor left for Kuala Kangsar after receiving the information.

Kerajaan mengambil tindakan tegas **setelah mendapat maklumat** *itu.*
The government took stern action after receiving the information.

Jawatankuasa berasa bimbang **setelah mendapat maklumat** *itu.*
The committee got anxious after receiving the information.

Parti politik itu berasa khuatir **setelah mendapat maklumat** *yang tidak disangka-sangka itu.*
The political party got apprehensive after getting the unexpected information.

Pihak polis menyerbu ke kawasan itu **setelah mendapat maklumat** *itu.*
The police rushed to the area after getting the information.

Dia pun bertolak setelah mendapat maklumat.
Dia bertindak dengan tegas setelah mendapat maklumat.

MENUNGGU GILIRAN – WAIT FOR ONE'S TURN

Mereka dihukum sebab mereka tidak **menunggu giliran**.
They were punished because they did not wait for their turn.

Sesiapa pun mestilah **menunggu giliran** *untuk mendapatkan sesuatu.*
Anyone who wants something should wait for his turn.

Kalau dia tidak mahu **menunggu giliran** *dia patut disingkirkan.*
If he is not willing to wait for his turn, he should be expelled.

Saya puas hati sebab mereka sanggup **menunggu giliran**.
I am satisfied because they are willing to wait for their turn.

Saya hairan mengapa mereka enggan **menunggu giliran**.
I am surprised why they are reluctant to wait for their turns.

Mereka berjanji **menunggu giliran** *dan tidak membantah lagi.*
They agreed to wait for their turn and did not protest.

Patutnya dia mesti menunggu gilirannya.
Sesiapa yang ingin melawat tempat itu patutlah menunggu giliran.

ADALAH DIPERCAYAI – IT IS BELIEVED

Adalah dipercayai *pelajar-pelajar kita akan melawat Korea Selatan.*
It is believed that our students will visit South Korea.

Adalah dipercayai *mereka tidak begitu berminat dalam sukan.*
It is believed that they are not so interested in sports.

Adalah dipercayai *mereka tidak mahu bekerjasama dengan kita.*
It is believed that they do not want to cooperate with us.

Adalah dipercayai *mereka akan dipilih untuk menyertai rombongan itu.*
It is believed they will be chosen to accompany the party.

Adalah dipercayai *mereka terlibat dalam penyeludupan.*
It is believed that they are involved in smuggling.

Adalah dipercayai *ramai orang tidak puas hati dengan rancangan baru itu.*
It is believed that many people were not satisfied with the new programme.

Adalah dipercayai mereka tidak membeli saham.
Adalah dipercayai pengakap-pengakap itu akan berkhemah di Teluk Bahang.

KITA MERASA SUKACITA – WE ARE PLEASED

Kita merasa sukacita *sebab mereka diberi peluang melawat Korea dan Singapura.*
We are pleased because they were given the opportunity to visit Korea and Singapore.

Kita merasa sukacita *sebab ramai yang mengambil bahagian dalam kegiatan itu.*
We are pleased because many people participated in the activity.

Kita merasa sukacita *sebab Rancangan Malaysia Ketiga sangat berkesan.*
We are pleased because the Third Malaysia Plan is effective.

Kita merasa sukacita *sebab pasukan Malaysia menang dalam pertandingan itu.*
We are pleased because the Malaysian team emerged winners in the tournament .

Kita merasa sukacita *sebab dasar pelajaran Malaysia dipuji di seluruh dunia.*
We are pleased because Malaysia's education policy is praised throughout the world.

Kita merasa sukacita *sebab banyak karya Malaysia diterjemahkan ke dalam bahasa-bahasa lain.*
We are pleased because many Malaysian literary works have been translated into other languages.

Kita merasa sukacita sebab ramai lulus dalam peperiksaan Bahasa Malaysia.
Kita merasa sukacita sebab Dasar Ekonomi Baru diamalkan.

DITERIMA SECARA MUTLAK – ACCEPTED WITHOUT RESERVATION

Syarat-syarat itu **diterima secara mutlak** *oleh semua kesatuan.*
The stipulation were accepted without reservation by all the unions.

Cadangan baik itu **diterima secara mutlak** *oleh kebanyakan orang.*
The good proposal was accepted without reservation by most people.

Undang-undang baru itu **diterima secara mutlak** *oleh kerajaan.*
The new laws were accepted without reservation by the government.

Syor-syor itu **diterima secara mutlak** *oleh semua persatuan dalam daerah itu.*
The proposals were accepted without reservation by all the associations in that district.

Peraturan-peraturan baru itu **diterima secara mutlak** *oleh sektor swasta.*
The new regulations were accepted without reservation by the private sector.

Jadual baru itu **diterima secara mutlak** *oleh persatuan-persatuan dalam wilayah itu.*
The new schedule was accepted without reservation by the associations in that area.

Rukun Tetangga diterima secara mutlak di negara kita.
Rukunegara pun diterima secara mutlak di negara kita.

MENGULAS TENTANG – TO DISCUSS

Pemimpin-pemimpin itu **mengulas tentang** *peranan minyak dalam perusahaan.*
The leaders discussed the role of oil in industry.

Mereka **mengulas tentang** *Dasar Ekonomi Baru di pejabat daerah, Kuala Kangsar.*
They discussed the New Economic Policy in the District Office, Kuala Kangsar.

Pakar-pakar itu **mengulas tentang** *dasar pelajaran Malaysia.*
The experts discussed the educational policy of Malaysia.

Ketua nelayan-nelayan di daerah itu **mengulas tentang** *bantuan kerajaan.*
The leader of the fishermen in the district discussed government aid.

Pengakap-pengakap itu **mengulas tentang** *perkhemahan di pinggir hutan dan bukit.*
The Scouts discussed camping near jungles and hills.

Guru-guru itu **mengulas tentang** *keputusan buruk dalam mata pelajaran Sejarah dalam peperiksaan SPM.*
The teachers discussed the poor results obtained in History in the SPM examination.

Perdana Menteri Malaysia mengulas tentang kekacauan di Pakistan.
Pemimpin besar itu mengulas tentang kejadian-kejadian yang tidak diingini di Uganda.

KITA MENGGESA – WE URGE

Kita menggesa *kerajaan supaya memberi bantuan kepada nelayan dan petani.*
We urge the government to give aid to fishermen and farmers.

Kita menggesa *orang ramai mengamalkan Rukun Tetangga dengan jujur.*
We urge the public to practise Rukun Tetangga with sincerity.

Kita menggesa *supaya banyak kursus sivik diadakan di kawasan luar bandar.*
We urge that many civic courses be conducted in the rural areas.

Kita menggesa *supaya pelajar-pelajar diberi peluang belajar Bahasa Arab.*
We urge that the students be given the opportunity to study Arabic.

Kita menggesa *supaya Bahasa Inggeris dan Kesusasteraan Inggeris diajar di semua sekolah.*
We urge that English and English Literature be taught in all schools.

Kita menggesa *supaya rancangan baru itu diadakan di semua negeri demi kepentingan rakyat.*
We urge that the new proramme be implemented in all states for the benefit of the people.

Kita menggesa supaya penjahat-penjahat itu diberi hukuman berat.
Kita menggesa supaya Dasar Ekonomi Baru diamalkan dengan sepenuhnya.

SECARA MENYELURUH – ON THE WHOLE
• FROM ALL ASPECTS

Secara menyeluruh *Rancangan Malaysia Ketiga telah mengukuhkan perekonomian negara.*
On the whole the Third Malaysia Plan has stabilised the economy of the country.

Mereka mengkaji perkara penting itu **secara menyeluruh**.
They studied the important matter from all aspects.

Pelajar-pelajar itu membincangkan perkara itu **secara menyeluruh**.
The students discussed the matter from all aspects.

Doktor-doktor itu menyiasat penyakit baru itu **secara menyeluruh**.
The doctors investigated the new disease from all aspects.

Pegawai-pegawai itu mengkaji masalah itu **secara menyeluruh**.
The officers studied the problem from all aspects.

Tindakan yang diambil **secara menyeluruh** *tidaklah adil dari segi undang-undang antarabangsa.*
The action taken is unfair on the whole from the point of international laws.

Secara menyeluruh tindakan yang diambil oleh Presiden itu tidaklah adil.
Secara menyeluruh Dasar Ekonomi Baru pasti akan membawa kesan baik.

TIDAK SYAK LAGI – THERE IS NO DOUBT

Tidak syak lagi *mereka pasti dihukum sebab kesalahan mereka tidak boleh diampunkan.*
There is no doubt that they will be sentenced because their mistakes cannot be pardoned.

Tidak syak lagi *Michael akan melawat Agra tahun ini.*
There is no doubt Michael will visit Agra this year.

Tidak syak lagi *Dasar Ekonomi Baru akan berjaya.*
There is no doubt the New Economic Policy will succeed.

Tidak syak lagi *Rancangan Malaysia Ketiga akan menguntungkan penduduk-penduduk kawasan luar bandar.*
There is no doubt that the Third Malaysia Plan will benefit the people in the rural areas.

Tidak syak lagi *kerajaan akan memberi bantuan kepada petani-petani di Kedah.*
There is no doubt the government will give aid to the farmers in Kedah.

Tidak syak lagi *pemimpin jujur itu akan dipilih sebagai Presiden.*
There is no doubt that that sincere leader will be elected as the President.

Tidak syak lagi pemuda itu akan dilantik sebagai senator.
Tidak syak lagi Subramaniam akan dilantik sebagai ketua pasukan.

TIDAK AKAN TURUT – WILL NOT FOLLOW

Rombongan itu **tidak akan turut** *jadual yang ditetapkan.*
The party will not follow the schedule which has been fixed.

Wakil-wakil itu **tidak akan turut** *syarat-syarat luar biasa itu.*
The representatives will not follow the strange stipulations.

Mereka **tidak akan turut** *syarat-syarat yang dipaksakan oleh pelampau-pelampau.*
They will not follow the stipulations laid down by the extremists.

Pegawai-pegawai itu **tidak akan turut** *arahan-arahan aneh itu.*
The officers will not follow the strange directives.

Mereka **tidak akan turut** *jadual baru itu sebab tidak sesuai langsung.*
They will not follow the new time-table because it is not suitable at all.

Pemimpin itu **tidak akan turut** *rancangan yang mengelirukan.*
The leader will not follow the plan, which is confusing.

Mereka tidak akan turut syor-syor yang dicadangkan itu.
Nampaknya pihak berkuasa tidak akan turut nasihat yang tidak berguna itu.

KITA MENGALU-ALUKAN – WE WELCOME

Kita mengalu-alukan *nasihat baik yang diberikan oleh Perdana Menteri.*
We welcome the good advice given by the Prime Minister.

Kita mengalu-alukan *tindakan tegas yang diambil oleh kerajaan.*
We welcome the firm action taken by the government.

Kita mengalu-alukan *syarat-syarat baru yang dicadangkan.*
We welcome the new stipulations which have been suggested.

Kita mengalu-alukan *kerjasama bank untuk menjayakan Dasar Ekonomi Baru.*
We welcome the cooperation extended by the banks to make the New Economic Policy a success.

Kita mengalu-alukan *tindakan yang diambil oleh pemimpin-pemimpin di dunia untuk menjamin keselamatan.*
We welcome the action taken by the leaders of the world to guarantee safety.

Kita mengalu-alukan *jasa bakti pengakap-pengakap dan pandu-puteri-panduputeri di seluruh dunia.*
We welcome the services of the scouts and guides throughout the world.

Kita mengalu-alukan Dasar Ekonomi Baru negara kita.
Kita mengalu-alukan Rancangan Malaysia yang Ketiga.

JAMINAN YANG DIBERIKAN – THE ASSURANCE GIVEN

Jaminan yang diberikan *oleh pegawai-pegawai itu membuktikan kejujuran mereka.*
The assurance given by the officers proves their sincerity.

Jaminan yang diberikan *oleh Perdana Menteri mengembirakan kebanyakan orang.*
The assurance given by the Prime Minister delighted most people.

Jaminan yang diberikan *oleh ibu bapa menggalakkan para pendidik.*
The assurance given by the parents encouraged the educationists.

Jaminan yang diberikan *oleh pihak polis memang menggalakkan.*
The assurance given by the police is certainly encouraging.

Jaminan yang diberikan *oleh belia di daerah itu adalah satu tanda yang sihat.*
The assurance given by the youths in that district is a healthy sign.

Jaminan yang diberikan *oleh pihak sektor swasta membuktikan mereka sokong Dasar Ekonomi Baru.*
The assurance given by the private sector proves their support for the New Economic Policy.

Jaminan yang diberikan oleh kerajaan memang menggalakkan.
Jaminan yang diberikan oleh sektor swasta tidak boleh diharapkan.

KEPADA ORANG RAMAI – TO THE GENERAL PUBLIC

Bantuan khas telah pun diberikan **kepada orang ramai**.
Special assistance has been given to the general public.

Bantuan seperti itu diberikan **kepada** *sesiapa yang berkelayakan di antara* **orang ramai** *itu.*
Assistance of that nature is given to eligible persons among the general public.

Amaran keras itu ditujukan **kepada orang ramai** *yang tidak bertanggungjawab.*
The severe warning is directed to those irresponsible elements among the general public.

Perdana Menteri memberikan peluang **kepada orang ramai** *menyuarakan pendapat mereka.*
The Prime Minister gave the general public the opportunity to voice their opinions.

Maklumat-maklumat penting akan disampaikan **kepada orang ramai** *yang belum memahami Dasar Ekonomi Baru.*
The important information was conveyed to those among the general public who still do not understand the New Economic Policy.

Kerajaan kita memberikan segala kemudahan **kepada orang ramai**.
Our government provides all facilities for the general public.

Maklumat-maklumat itu telah pun disampaikan kepada orang ramai.
Perkara itu memang amat mustahak kepada orang ramai.

KITA BERHARAP – WE HOPE/ANTICIPATE

Kita berharap *ramai orang akan mengambil bahagian dalam kegiatan itu.*
We hope many people will participate in the activity.

Kita berharap *kerajaan akan mengeluarkan banyak biasiswa bagi anak-anak nelayan dan petani.*
We hope the government will issue many scholarships to the children of fishermen and farmers.

Kita berharap *mereka tidak akan menghampakan kita.*
We hope they will not disappoint us.

Kita berharap *ramai pelajar akan melanjutkan pelajaran di luar negeri.*
We hope many students will continue their studies overseas.

Kita berharap *anasir-anasir jahat itu tidak akan membahayakan keselamatan negara.*
We hope that the undesirable elements will not endanger the safety of the country.

Kita berharap *ramai pelancong melawat negara kita yang indah.*
We hope many tourists will visit out beautiful country.

Kita berharap mereka akan mencapai kejayaan yang cemerlang.
Kita berharap Rancangan Malaysia yang Ketiga mengukuhkan perekonomian negara.

AKAN DIBERI PELUANG – WILL BE GIVEN THE OPPORTUNITY

Pelajar-pelajar itu **akan diberi peluang** *melawat tempat-tempat bersejarah di Tokyo.*
The students will be given the opportunity to visit historical places in Tokyo.

Ramai orang **akan diberi peluang** *membeli saham di Sabah dan Sarawak.*
Many people will be given the opportunity to buy shares in Sabah and Sarawak.

Pelajar-pelajar yang rajin **akan diberi peluang** *menyertai kursus khas itu.*
Industrious students will be given the opportunity to participate in the special course.

Pengakap-pengakap itu **akan diberi peluang** *berkhemah di Teluk Bahang.*
The scouts will be given the opportunity to camp at Teluk Bahang.

Pelawat-pelawat khas itu **akan diberi peluang** *melawat Istana Iskandriah di Bandar Diraja, Kuala Kangsar.*
The special guests will be given the opportunity to visit Istana Iskandariah in the Royal Town, Kuala Kangsar.

Pegawai-pegawai kanan **akan diberi peluang** *mengambil peperiksaan khas itu.*
The senior officers will be given the opportunity to take the special examination.

Mereka akan diberi peluang lagi.
Mereka akan diberi peluang melawat negeri Perancis dan Sepanyol.

HABIS DIJUAL —SOLD OUT

Kuih-kuih itu **habis dijual**.
The cakes were all sold out.

Kain-kain yang murah sahaja **habis dijual**.
Only the cheap materials were all sold out.

Bilakah buah-buah itu boleh **habis dijual**?
When will all the fruits be sold out?

Buku-buku Bahasa Malaysia sudah **habis dijual** *seminggu dulu.*
All the Bahasa Malaysia books were sold out a week ago.

Apabila barang-barang itu **habis dijual** *dia pun pulang ke rumahnya.*
When all his goods were sold out, he went home.

Lukisan itu tidak **habis dijual** *sebab harganya mahal.*
The paintings were not sold out because they were expensive.

Bila barang-barang itu habis dijual?
Pagi tadi barang-barang itu habis dijual.

HABIS DIMAKAN – COMPLETELY EATEN

Buah itu belum **habis dimakan** *lagi.*
The fruit has not been eaten completely.

Baju-baju di dalam almari itu **habis dimakan** *gegat.*
The clothes in the cupboard were completely eaten by moths.

Ubat ini mesti **habis dimakan** *dalam tempoh empat hari.*
This medicine must be finished within four days.

Kalau **habis makan** *boleh bapa belikan lagi.*
If you can finish eating it Father will buy some more.

Makanan yang tidak **harus dimakan** *jangan dibuang.*
Don't throw away left-over unfinished food.

Siling pejabat saya **habis dimakan** *anai-anai.*
The ceiling in my office was completely eaten by white ants.

Mengapa limau itu tidak habis dimakan?
Limau itu tidak habis dimakan sebab masam.

ADA ORANG MEMIKIRKAN – SOME PEOPLE ARE OF THE OPINION
• SOME PEOPLE FEEL

Ada orang memikirkan *projek itu pasti akan berjaya.*
Some people are of the opinion that the project will definitely succeed.

Ada orang memikirkan *Ali akan menjadi Menteri Pertahanan.*
Some people are of the opinion that Ali will become the Minister of Defence.

Ada orang memikirkan *Perdana Menteri Zimbabwe akan membawa nafas baru dalam kerajaannya.*
Some people are of the opinion that the Prime Minister of Zimbabwe will infuse new spirit into the government.

Ada orang memikirkan *Bahasa Inggeris wajib dikekalkan dalam negara kita.*
Some people are of the opinion that the English Language should be preserved in our country.

Ada orang memikirkan *petani-petani tidak diberi bantuan mencukupi.*
Some people feel that farmers are not given sufficient assistance.

Ada orang memikirkan *pekerja-pekerja firma swasta itu akan mogok.*
Some people feel that the workers of the private firm will go on strike.

Ada orang memikirkan projek itu tidak akan berjaya.
Ada orang memikirkan pelampau-pelampau tidak akan mendapat sokongan.

YANG INGIN MENCUBA – WHO WISH TO TRY OUT
• HAVE A GO AT

Kita patut menggalakkan pelajar-pelajar **yang ingin mencuba** *mendaki gunung.*
We should encourage students who wish to try out mountain-climbing.

Sesiapa **yang ingin mencuba** *memasak patut diberi galakan.*
Those wishing to try their hand at cooking should be given encouragement.

Tidak adil menghalang pelajar-pelajar **yang ingin mencuba** *mengembara.*
It is unfair to prevent students who wish to have a go at hitch-hiking.

Saya suka menggalakkan pelajar-pelajar **yang ingin mencuba** *berkhemah.*
I like to encourage the students who wish to try their hand at camping.

Jurutera-jurutera **yang ingin mencuba** *cara-cara baru patut diberi galakan.*
Engineers who wish to try out new ideas should be given encouragement.

Pekerja **yang ingin mencuba** *membaiki alat itu patut diberi kesempatan.*
The worker who wishes to try repairing the equipment should be given the chance.

Pelajar-pelajar yang ingin mencuba mendaki gunung patut mendapat kebenaran daripada guru besar.
Ada ramai pengakap yang ingin mencuba mengembara.

DENGAN BERGOPOH-GAPAH – IN A HURRY/HASTILY/-HAPHAZARDLY

Tidak bijak membuat sesuatu kerja **dengan bergopoh-gapah.**
It is not wise to do any job haphazardly.

Orang yang tidak bertanggungjawab selalu melakukan kerja **dengan bergopoh-gapah.**
Irresponsible people always do their work haphazardly.

Wanita itu sering buat kerja **dengan bergopoh-gapah**.
That lady often does her work hurriedly.

Pedagang yang bertindak **dengan bergopoh-gapah** *itu mengalami kerugian yang besar.*
The trader who acted hastily incurred heavy losses.

Pelajar-pelajar tidak patut mengambil keputusan **dengan bergopoh-gapah**.
Students should not make decisions hastily.

Ramai pelajar kesal kerana bertindak **dengan bergopoh-gapah.**
Many students regretted having acted hastily.

Janganlah buat kerja itu dengan bergopoh-gapah.
Kerja yang dibuat dengan bergopoh-gapah tidak akan berjaya.

MAHIR DALAM – GOOD AT • SKILLED IN • PROFICIENT IN

Pelajar-pelajar yang **mahir dalam** *sains akan diberi biasiswa.*
Students who are proficient in science will be given scholarships.

Kita memerlukan pelajar-pelajar yang **mahir dalam** *kimia.*
We need students who are good at chemistry.

Kebanyakan pelajar di sekolah itu **mahir dalam** *ilmu pertukangan.*
Most of the students in that school are skilled in carpentry.

Pelajar-pelajar yang **mahir dalam** *Bahasa akan diberi keutamaan.*
Students who are proficient in Language will be given priority.

Saya belum tahu siapa yang **mahir dalam** *kejuruteraan.*
I still do not know those who are skilled in engineering.

Memang ramai yang **mahir dalam** *Bahasa Malaysia.*
Actually there are many who are proficient in Bahasa Malaysia.

Pelajar itu mahir dalam Ilmu Hisab.
Ramai orang tidak mahir dalam pertukangan.

YANG BEGITU BERMINAT – WHO ARE VERY INTERESTED/ENTHUSIASTIC

Orang **yang begitu berminat** *patut digalakkan lagi.*
Those who are very interested should be encouraged further.

Mereka **yang begitu berminat** *pasti akan diberi peluang.*
Those who are very interested will certainly be given the opportunity.

Saya hairan mengapa orang **yang begitu berminat** *tidak diberi galakan.*
I am surprised as to why those so interested are not given encouragement.

Pengakap-pengakap **yang begitu berminat** *patut diberi peluang berkhemah di pulau kecil itu.*
The scouts who are so enthusiastic should be given the opportunity to camp on the small island.

Tidak ada orang **yang begitu berminat** *seperti dia.*
There is no one as interested as she is.

Saya fikir seniman-seniman **yang begitu berminat** *patut berlakon dalam filem-filem asing.*
I think actors who are so enthusiastic should act in foreign films.

Memang ramai orang yang begitu berminat dalam kawasan itu.
Ali yang begitu berminat dalam bidang politik sudah meletakkan jawatannya.

BELUM DINYATAKAN – HAS NOT BEEN EXPLAINED/-CLARIFIED/DEFINED/-REVEALED

Tindakan yang akan diambil, **belum dinyatakan** *lagi.*
The action to be taken has not been defined yet.

Kesan-kesan peraturan baru itu **belum dinyatakan** *lagi.*
The impact of the new regulation has not been revealed yet.

Tujuan yang sebenarnya **belum dinyatakan** *lagi.*
The real aim has not been revealed yet.

Keputusan yang tercapai itu **belum dinyatakan** *lagi.*
The results achieved have not yet been revealed yet.

Rancangan-rancangan baru itu **belum dinyatakan** *lagi.*
The new schemes have not yet been revealed.

Syarat-syarat baru itu **belum dinyatakan** *lagi.*
The new stipulations have not yet been explained.

Dasar baru itu belum dinyatakan lagi.
Makna simpulan bahasa itu belum dinyatakan lagi.

TIDAK DITUNJUKKAN – WAS NOT SHOWN

Surat jabatan pelajaran itu **tidak ditunjukkan** *kepada mereka.*
The letter from the Education Department was not shown to them.

Laporan yang kita terima itu **tidak ditunjukkan** *kepada pemberita-pemberita.*
The report that we received was not shown to the reporters.

Rencana berkenaan dasar pertanian **tidak ditunjukkan** *kepada pegawai-pegawai kanan itu.*
The article on the agricultural policy was not shown to the senior officers.

Mereka menegaskan bahawa laporan jawatankuasa itu **tidak ditunjukkan** *kepada ahli-ahli persatuan itu.*
They stressed that the committee's report was not shown to the members of the association.

Saya memang sedar jadual itu **tidak ditunjukkan** *kepada pekerja-pekerja itu.*
I am certainly aware that the timetable was not shown to the workers.

Sebenarnya surat-surat rahsia itu **tidak ditunjukkan** *kepada pengerusi persatuan itu.*
In fact the secret letters were not shown to the chairman of the association.

Surat penting itu tidak ditunjukkan kepada sesiapa pun.
Gambar Hindustan itu tidak ditunjukkan kepada pelajar-pelajar itu.

MEMANG BETUL – DEFINITELY CORRECT/TRUE

Tuduhan-tuduhan pegawai polis itu **memang betul**.
The accusations of the police officer are definitely true.

Semua cadangan yang tercatat itu **memang betul**.
All the proposals that are recorded are definitely correct.

Tindakan tegas yang diambil oleh kerajaan **memang betul**.
The positive and firm action taken by the government is definitely correct.

Butir-butir yang diberikannya itu **memang betul**.
The points listed by him are definitely correct.

Sungutan-sungutan nelayan-nelayan itu terhadap pegawai kanan itu **memang betul**.
The complaints of the fishermen against the senior officer are definitely true.

Fakta-fakta yang dikemukakan oleh jawatankuasa itu **memang betul**.
The facts put forth by the committee are definitely correct.

Apa yang dinyatakan itu memang betul.
Jawapan saudagar kaya itu memang betul.

SUDAH DITERANGKAN – HAS BEEN EXPLAINED

Motif kita yang sebenarnya **sudah diterangkan** *kepada pemimpin-pemimpin itu.*
Our real motives have been explained to the leaders.

Apa yang berlaku di tempat itu **sudah diterangkan**.
What happened in that place has been explained.

Masalah yang dialami oleh nelayan-nelayan itu **sudah diterangkan**.
The problems faced by the fishermen have been explained.

Perasaan penduduk-penduduk kampung itu **sudah diterangkan**.
The feelings of the villagers have been explained.

Kejayaan projek baru itu **sudah diterangkan**.
The success of the new project has been explained.

Keputusan jawatankuasa itu **sudah diterangkan**.
The decision of the committee has been explained.

Dasar Pelajaran kita sudah diterangkan kepada mereka.
Tujuan yang sebenarnya sudah diterangkan.

MASIH DIPERTIMBANGKAN – STILL BEING CONSIDERED

Cadangan-cadangan belia kampung itu **masih dipertimbangkan**.
The proposals' of the village youths are still being considered.

Syor-syor yang dikemukakan oleh persatuan itu **masih dipertimbangkan**.
The suggestions put forth by the association are still being considered.

Permintaan petani-petani itu **masih dipertimbangkan**.
The farmers' request is still being considered.

Cara-cara mengatasi masalah pengangguran **masih dipertimbangkan**.
Methods to overcome the problem of unemployment are still being considered.

Pembinaan jambatan besar itu **masih dipertimbangkan**.
The construction of the big bridge is still being considered.

Pembaharuan lesen taman hiburan itu **masih dipertimbangkan**.
The renewal of the amusement park license is still being considered.

Permohonan penting itu masih dipertimbangkan.
Rayuan penjenayah-penjenayah itu masih dipertimbangkan.

SECARA TIDAK LANGSUNG – INDIRECTLY

Orang bijak suka memberi nasihat **secara tidak langsung**.
Wise people prefer to give advice indirectly.

Ibu saya selalu memberi nasihat **secara tidak langsung**.
My mother always gives advice indirectly.

Kalau nasihat diberi kepada seorang budak jahat **secara tidak langsung** *mungkin tidak berkesan.*
If advice is given indirectly to a naughty boy it would probably not be effective.

Pemimpin itu memberi nasihat **secara tidak langsung**.
The leader gave advice indirectly.

Negara kita selalu memberi amaran kepada anasir-anasir jahat **secara tidak langsung**.
Our country always issues warnings to the undesirable elements indirectly.

Kadang-kadang ramai orang tidak faham nasihat-nasihat yang diberi **secara tidak langsung**.
At times many people do not understand advice given indirectly.

Ada orang yang suka menyatakan maksud mereka secara tidak langsung.
Pegawai-pegawai dinasihatkan supaya jangan memberi arahan secara tidak langsung.

SECARA LANGSUNG – DIRECTLY

Pengurus itu menerangkan maksudnya **secara langsung**.
The manager revealed his intention directly.

Amaran yang diberi **secara langsung** *selalunya jelas.*
Warnings given directly are always clear.

Ada orang yang tidak mahu bercakap **secara langsung**.
There are people who do not want to speak directly.

Seorang pemimpin mesti bercakap **secara langsung** *kepada pengikut-pengikutnya.*
A leader should speak directly to his followers.

Kalau kita bercakap **secara langsung** *orang tidak akan keliru.*
If we speak directly people will not be confused.

Saya suka orang yang bercakap **secara langsung**.
I like people who speak directly.

Dia selalu bercakap secara langsung.
Orang jujur selalu bercakap secara langsung.

MERASA SEDIH – TO FEEL SAD/UNHAPPY/-DEPRESSED

Dia tidak **merasa sedih** *apabila gagal dalam peperiksaan.*
He did not feel unhappy when he failed the examination.

Pemimpin itu **merasa sedih** *sebab rakyat malas.*
The leader feels unhappy because the citizens are lazy.

Pegawai Daerah itu **merasa sedih** *sebab penduduk-penduduk kampung itu tidak bekerjasama.*
The District Officer is unhappy because the people in the village are not cooperative.

Mereka **merasa sedih** *sebab tidak mendapat bantuan.*
They feel sad because they did not receive assistance.

Ibu bapa **merasa sedih** *bila anak mereka tidak berjaya dalam peperiksaan.*
Parents feel sad when their children are not successful in examinations.

Ketua pasukan itu **merasa sedih** *sebab ditewaskan oleh pasukan baru itu.*
The captain of the team felt sad because his team was defeated by a new team.

Ramai orang merasa sedih atas nahas udara itu.
Dia merasa sedih sebab tidak lulus dalam peperiksaan.

SECARA BERSUNGGUH-SUNGGUH – WHOLEHEARTEDLY
• ENTHUSIASTICALLY
• EARNESTLY

Kerja itu tidak akan berjaya kalau tidak dijalankan **secara bersungguh-sungguh**.
The work will not be a success if not done wholeheartedly.

Sesuatu kerja yang dilakukan **secara bersungguh-sungguh** *pasti akan berjaya.*
Any work which is done enthusiastically will certainly be a success.

Saya sedar dia selalu menjalankan tugasnya **secara bersungguh-sungguh**.
I am aware that he always does his work enthusiastically.

Pelajar-pelajar patut menyemak pelajaran mereka **secara bersungguh-sungguh**.
Students should revise their lessons earnestly.

Saya tahu kerja itu tidak dibuat **secara bersungguh-sungguh**.
I know the work was not done wholeheartedly.

Pekerja-pekerja itu menjalankan tugas mereka **secara bersungguh-sungguh**.
The workers perform their duties earnestly.

Mereka menjalankan tugas itu secara bersungguh-sungguh.
Kerja itu mesti diusahakan secara bersungguh-sungguh.

MENGHADAPI KECAMAN – TO FACE CRITICISM

Calon yang berkenaan **menghadapi kecaman** *hebat dalam kempen pilihanraya baru-baru ini.*
The candidate concerned faced severe criticism during the recent general election campaign.

Belia yang meniru kebudayaan barat secara membabi-buta **menghadapi kecaman** *dari masyarakat tempatan.*
Youths who blindly imitate Western culture face criticism from the local community.

Cadangan membina Taman Hiburan itu telah **menghadapi kecaman** *dari orang ramai.*
The proposal to build the amusement park was criticised by the public.

Wakil Rakyat **menghadapi kecaman** *dari pengundi-pengundi kalau tidak menunaikan janji.*
A member of parliament will face criticism from his voters if he does not keep his promises.

Keputusan yang diambil oleh pihak majikan itu **menghadapi kecaman** *dari pekerja-pekerjanya.*
The decision taken by the employer faces criticism by the employees.

Dalam perdebatan semalam, pendapat pihak pembangkang telah **menghadapi kecaman** *hebat.*
At the debate yesterday, the views of the opposition were severely criticised.

Mengapa dia selalu menghadapi kecaman dalam kerja-kerjanya?
Dia selalu menghadapi kecaman kerana kerjanya tidak beres.

MELANCARKAN GERAKAN – TO LAUNCH AN OPERATION/-MOVEMENT

Polis **melancarkan gerakan** *memburu perompak-perompak bank itu.*
The police launched an operation to hunt down the bank robbers.

Belia 4B telah **melancarkan gerakan** *gotong-royong di kampung itu.*
The 4B Youth has launched a *gotong-royong* operation in the kampung.

Persatuan ibu bapa sedang **melancarkan gerakan** *memajukan pelajaran anak-anak mereka.*
The Parents' Association is launching an operation to better their children's education.

Kerajaan telah **melancarkan pergerakan** *menghapuskan penjenayah di seluruh negara.*
The Government has launched an operation to get rid of criminals throughout the country.

Jabatan Hal-Ehwal Agama akan **melancarkan gerakan** *mencegah maksiat secara besar-besaran.*
The Religious Affairs Department will launch a large-scale anti-vice operation.

Kementerian Kesihatan sedang **melancarkan gerakan** *membasmi penyakit demam denggi.*
The Health Ministry is launching an operation aimed at wiping out dengue fever.

Bilakah mereka hendak melancarkan gerakan koperatif itu?
Bulan hadapan mereka akan melancarkan gerakan koperatif itu.

DENGAN TERBURU-BURU – HURRIEDLY • IN A HURRY

Dengan terburu-buru *dia datang berjumpa saya di pejabat pagi ini.*
He came in a hurry to meet me in the office this morning.

Dengan terburu-buru *Zabedah pulang membawa berita yang kurang baik itu.*
Zabedah hurriedly returned home with the bad news.

Pekerjaan yang dibuat **dengan terburu-buru** *biasanya tidak sempurna.*
Work that is done in a hurry is usually imperfect.

Yoke Lim makan **dengan terburu-buru** *kerana ia hendak menyudahkan kerjanya.*
Yoke Lim ate hurriedly because he wanted to finish his work.

Memandangkan ribut akan turun nelayan-nelayan itu pulang **dengan terburu-buru**.
The fishermen returned hurried, seeing that a storm was brewing.

Memang menjadi tabiat Mahinder membuat sesuatu kerja **dengan terburu-buru** *sahaja.*
It is a habit with Mahinder to do things in a hurry.

Mengapa kerja itu dibuat dengan terburu-buru sahaja?
Kerja itu dibuat dengan terburu-buru kerana kesuntukan masa.

MASIH MENGAMALKAN – STILL PRACTISING/-APPLYING/OBSERVING

Ada di antara petani-petani luar bandar yang **masih mengamalkan** *pertanian secara tradisional.*
There are farmers in the rural area who are still practising traditional methods of farming.

Penduduk-penduduk pulau itu **masih mengamalkan** *semangat tolong-menolong.*
The islanders still observe the practice of mutual help.

Bapa saya **masih mengamalkan** *cara bercucuk tanam yang lama juga.*
My father still practises the old method of cultivation.

Musuh nampaknya **masih mengamalkan** *taktik peperangan secara gerila.*
It seems that the enemy is still applying the tactics of guerilla warfare.

Nelayan-nelayan yang **masih mengamalkan** *penangkapan secara kuno itu telah diberi kursus.*
Fishermen who still practise the ancient method of fishing have been given a course.

Semenjak merdeka Malaysia **masih mengamalkan** *pemerintahan demokrasi.*
Malaysia is still practising a democratic form of government after independence.

Mengapa mereka masih mengamalkan perubatan secara kuno?
Mereka masih mengamalkan perubatan secara kuno kerana di tempat itu tidak ada kemudahan.

MELEMAHKAN SEMANGAT – TO WEAKEN THE SPIRIT/-WILL/MORALE

Kata-katanya itu tidak akan **melemahkan semangat** *saya.*
What he says will not in any way weaken my spirit.

Peristiwa yang berlaku itu tidak akan **melemahkan semangat** *kami semua.*
The event that took place will not in any way weaken our morale.

Kegagalan kali yang pertama ini tidak akan **melemahkan semangat** *saya belajar lagi.*
This initial failure will not weaken my will to try again.

Kekalahan pasukan kami pada kali ini tidak akan **melemahkan semangat** *kami untuk mencuba sekali lagi.*
Our team's defeat this time will not weaken our will to try again.

Cara mendidik dengan menakut-nakutkan itu akhirnya akan **melemahkan semangat** *anak-anak.*
Teaching by instilling fear will eventually weaken the children's morale.

Khabar-khabar angin itu cuba hendak **melemahkan semangat** *perjuangan rakyat semata-mata.*
The rumours have been spread merely to weaken the people's fighting spirit.

Adakah perbuatan itu akan melemahkan semangat mereka?
Perbuatan itu tidak akan melemahkan semangat mereka.

ENGGAN MEMBUAT – RELUCTANT TO DO/-PERFORM/UNDERTAKE

Ramai orang **enggan membuat** *tugas seperti itu.*
Many people are reluctant to undertake a task of that nature.

Pengemis-pengemis juga **enggan membuat** *kerja itu.*
Even the beggars are reluctant to do the work

Pelajar-pelajar degil itu **enggan membuat** *kerja-kerja yang ditetapkan itu.*
Those stubborn students are reluctant to carry out the allotted assignments.

Sahabat-sahabat saya **enggan membuat** *tugas berat itu.*
My friends are reluctant to perform that arduous task.

Budak-budak yang rajin itu **enggan membuat** *projek yang tidak membawa faedah.*
Those industrious boys are reluctant to undertake that futile project.

Saya memang sedar kawan saya **enggan membuat** *sebarang keputusan.*
I am aware that my friend is reluctant to make any decision.

Pekerja-pekerja itu enggan membuat tugas-tugas berat itu.
Saya memang enggan membuat kerja tidak senonoh itu.

DIJANGKA DATANG – EXPECTED TO COME
• EXPECTED TO TURN UP

Pegawai Daerah **dijangka datang** *memberi ceramah kepada orang kampung hari ini.*
The District Officer is expected to come today to give a talk to the villagers.

Wakil rakyat kawasan ini **dijangka datang** *pada hari perjumpaan itu.*
The Member of Parliament for this constituency is expected to turn up at today's meeting.

Isteri Menteri Besar **dijangka datang** *untuk menyampaikan hadiah-hadiah kepada pemenang-pemenang itu.*
The wife of the Menteri Besar is expected to come to give away the prizes to the winners.

Pada Hari Terbuka sekolah itu, ramai ibu bapa **dijangka datang**.
On the school's open-house day a large number of parents are expected to turn up.

Pada hari perkahwinan anaknya itu ramai **dijangka datang**.
Many guests are expected to turn up on his daughter's wedding day.

Pada hari temuduga itu semua calon yang berkelayakan **dijangka datang**.
All qualified candidates are expected to turn up on the day of the interview.

Siapa dijangka datang melawat esok?
Seorang tetamu khas dijangka datang melawat esok.

BUKAN SELALU – SELDOM

Bukan selalu *saya melawat Kuala Lumpur ini.*
It is seldom that I visit Kuala Lumpur.

Bukan selalu *saya dapat merasa makanan yang sebegini lazat.*
I seldom get to taste such good food.

Bukan selalu *pasukan kami mendapat kemenangan yang sebegini cemerlang.*
Is is seldom that our team manages such an outstanding win.

Janganlah segan bertanya kerana **bukan selalu** *saya dapat menolong awak.*
Don't hesitate to ask because it is seldom that I can help you.

Perangai yang jahat seumpama ini **bukan selalu** *dibuatnya.*
He seldom misbehaves like this.

Tugas yang seberat ini **bukan selalu** *dibebankan kepada kerani itu.*
It is seldom that such a heavy work load is given to that clerk.

Bukan selalu kan dia mendapat peluang itu?
Bukan selalu dia mendapat peluang itu.

BERTUKAR-TUKAR FIKIRAN – EXCHANGE OF IDEAS

Dia tidak mahu **bertukar-tukar fikiran** *dengan sesiapa pun tentang hal itu.*
He does not wish to exchange ideas with anyone regarding that matter.

Sebelum mesyuarat, wakil-wakil itu telah **bertukar-tukar fikiran** *mengenai tajuk perbincangan itu.*
Before the meeting the representatives exchanged ideas on the topics for discussion.

Pada kali ini Ketua Pengarah tidak bersama-sama kami untuk **bertukar-tukar fikiran**.
This time the Director-General was not there to exchange ideas with us.

Kami telah dibahagikan kepada beberapa kumpulan untuk **bertukar-tukar fikiran**.
We were divided into groups to exchange ideas.

Esok kami akan berjumpa lagi untuk **bertukar-tukar fikiran**.
We shall meet again tomorrow to exchange ideas.

Elok juga diadakan sekali-sekala majlis **bertukar-tukar fikiran** *seperti ini.*
It is good to have meetings like this where ideas can be exchanged.

Bila hendak diadakan majlis bertukar-tukar fikiran itu?
Majlis bertukar-tukar fikiran itu telah dibatalkan.

BUKAN KERANA – NOT BECAUSE OF

Ali tidak lulus peperiksaan **bukan kerana** *dia tidak pandai.*
Ali failed his exam not because of lack of intelligence.

Saya tidak suka berkawan dengannya **bukan kerana** *dia miskin.*
I dislike befriending him not because he is poor.

Budak itu menangis **bukan kerana** *dia sakit.*
The child cried not because he was sick.

Dia makan kuih itu **bukan kerana** *dia lapar?*
He ate that cake not because he was hungry.

Hassan memukul anaknya **bukan kerana** *dia tidak sayang.*
Hassan belt his child not from lack of love for him.

Saya tidak menghadiri mesyuarat itu **bukan kerana** *saya tidak mendapat jemputannya.*
I did not attend that meeting not because I was not invited.

Dia tidak datang ke sekolah bukan kerana sakitkah?
Dia tidak datang ke sekolah bukan kerana sakit.

MENDAPAT UPAH – TO GET PAID

Ibu **mendapat upah** *dari kerja-kerja yang dibuatnya.*
Mother is paid for the job she does.

Saya belum lagi **mendapat upah** *dari kerja-kerja yang saya buat itu.*
I have not yet been paid for the jobs I have done.

Kakak **mendapat upah** *setelah menjahit pakaian sekolah kanak-kanak itu.*
My sister is paid for sewing clothes for those school children.

Kami baru saja **mendapat upah** *menuai padi di negeri Kedah.*
We were paid only recently for harvesting padi in Kedah.

Orang tua itu berharap akan **mendapat upah** *dari kerja yang dibuat-nya.*
The old man hopes to get paid for the work he has done.

Dia akan **mendapat upah** *sebaik-baik sahaja kerja itu selesai di-kerjakannya.*
He will get paid as soon as the work he is doing is completed.

Adakah dia mendapat upah mengutip kelapa itu?
Dia tidak mendapat upah mengutip kelapa itu.

JAUH KETINGGALAN – TO BE LEFT FAR BEHIND
• TO LAG BEHIND

Kampung itu **jauh ketinggalan** *dalam serba-serbi kemajuan.*
This kampung lags behind in various spheres of developments.

Negara itu **jauh ketinggalan** *dalam semua aspek pembangunan negara.*
That country is lagging behind in all aspects of national development.

Malaysia tidak begitu **jauh ketinggalan** *kemajuannya dari negara-negara membangun.*
Malaysia is not very far behind other developing countries where progress is concerned.

Murid-murid yang lemah mestilah diberi perhatian yang serious supaya tidak **jauh ketinggalan**.
Weak pupils must be given close attention so that they do not lag behind in their studies.

Semenjak dia baik sakit, pelajarannya **jauh ketinggalan** *dari pelajar-pelajar lain.*
Since he recovered from his illness, he is left lagging behind the others in his lessons.

Sungguhpun pelumba itu **jauh ketinggalan** *di belakang tetapi dia mencuba sehingga habis perlumbaan itu.*
Although the contestant was left far behind he kept on trying till the end of the race.

Siapa yang jauh ketinggalan di belakang?
Seorang tua yang jauh ketinggalan di belakang.

MELIBATKAN SEMUA – TO INVOLVE ALL
• CONCERN ALL

Keputusan yang diambil itu telah **melibatkan semua** *ahlinya.*
The decision taken involved all the members.

Tindakan mogok itu akan **melibatkan semua** *ahli Kesatuan Sekerja itu.*
The strike action will involve all the members of the employees' union.

Perintah itu **melibatkan semua** *kakitangan kerajaan yang berkhidmat mulai tahun 1972.*
The order involves all government staff who began service in 1972.

Kekacauan yang dilakukan oleh musuh negara, **melibatkan semua** *rakyat.*
The disturbance caused by the nation's enemies concerns all the people.

Hukuman itu **melibatkan semua** *yang mengambil bahagian dalam kejadian itu.*
The punishment involves all those who took part in the incident.

Kejatuhan harga getah telah **melibatkan semua** *negara pengeluar getah.*
The fall in rubber prices concerns all rubber-producing countries.

Adakah arahan itu melibatkan semua peserta?
Arahan itu tidak melibatkan semua peserta.

MEMBUAT CADANGAN – TO MAKE A PROPOSAL/-SUGGESTION

Bukan saya yang sepatutnya **membuat cadangan** *itu.*
It is not I who should make the proposal.

Kami telah **membuat cadangan** *yang sangat memeranjatkan para peserta konvensyen.*
We put forward a proposal that utterly surprised the participants at the convention.

Para perwakilan diminta **membuat cadangan** *yang membina.*
The delegates were asked to make constructive proposals.

Sesiapa sahaja yang hendak **membuat cadangan** *bolehlah menulis kepada Setiausaha.*
Anyone wanting to make a proposal can write to the secretary.

Orang yang diwakilkan **membuat cadangan** *itu tidak dapat hadir.*
The person delegated to make the proposal was unable to attend.

Orang ramai dijemput **membuat cadangan** *bagi mengelokkan lagi rancangan-rancangan TV.*
The public is invited to make suggestions for further improving TV programmes.

Sudahkah awak membuat cadangan untuk mesyuarat itu?
Saya sudah membuat cadangan untuk mesyuarat itu.

MEMBUAT BANTAHAN – TO RAISE AN OBJECTION

Sebelum **membuat bantahan** *patutlah diadakan rundingan terlebih dulu.*
Before raising an objection a discussion should first be held.

Awak boleh **membuat bantahan** *jika awak tidak puas hati dengan tindakan ini.*
You can raise an objection if you are not satisfied with this action.

Orang ramai boleh **membuat bantahan** *jika senarai Pilihanraya itu tidak betul.*
The public can raise an objection if the electoral polls are found to be incorrect.

Oleh sebab kita telah bersetuju, kami tidak akan **membuat bantahan** *lagi.*
As we are already agreed, we shall not raise any further objection.

Kami disuruh **membuat bantahan** *tetapi satu pun tidak mendapat layanan.*
We were asked to raise objections but not one of them has been entertained.

Orang yang **membuat bantahan** *itu tidak berani menulis namanya.*
The person who raised the objection had no courage to write his name.

Siapakah yang membuat bantahan itu?
Jawatankuasa bertindak yang membuat bantahan itu.

MEMATUHI PERATURAN – TO ABIDE BY
• OBEY THE RULES

Murid-murid mesti dilatih **mematuhi peraturan** *sekolah mereka.*
Pupils must be trained to abide by the rules of their school.

Anak-anak, dari kecil lagi mesti dilatih **mematuhi peraturan**.
Children must be trained from young to obey rules.

Dia telah didenda $10/- kerana tidak **mematuhi peraturan** *letak kereta.*
He has been fined 10 ringgit for not obeying parking rules.

Masih ramai lagi orang berjalan kaki tidak mahu **mematuhi peraturan** *lalulintas.*
There are still many pedestrians who do not obey traffic rules.

Pengguna-pengguna perpustakaan awam itu diminta **mematuhi peraturan** *perpustakaan.*
Users of public libraries are asked to abide by the rules of the library.

Tidak guna diadakan peraturan, jika tidak ada orang yang mahu **mematuhi peraturan** *itu.*
It is useless to have rules if no one wants to obey them.

Siapakah yang tidak mahu mematuhi peraturan itu?
Hanya seorang sahaja yang tidak mahu mematuhi peraturan itu.

MENYEMAK PERMOHONAN – TO CHECK APPLICATIONS

Lily ditugaskan **menyemak permohonan** *dari murid-murid miskin itu.*
Lily's duty is to check the applications from poor pupils.

Kerja **menyemak permohonan** *dari penduduk-penduduk kampung itu sedang diuruskan.*
The task of checking the applications from the kampung folk is being carried out.

Untuk **menyemak permohonan** *sebanyak ini akan mengambil masa lebih kurang sebulan.*
To check such a large number of applications will take about a month.

Kerani yang **menyemak permohonan** *dari guru-guru itu telah berhenti kerja.*
The clerk who checks applications from teachers has resigned.

Bukan senang hendak **menyemak permohonan** *yang berbagai-bagai rupa ini.*
It is not easy to check those various types of applications.

Semasa saya **menyemak permohonan** *rumah dari kakitangan kerajaan, hujan turun dengan lebatnya.*
While I was checking applications for houses from government staff, it began to rain heavily.

Siapakah yang menyemak permohonan mereka itu?
Seorang kerani yang menyemak permohonan mereka itu.

MENGHANTAR PERMOHONAN – TO SEND AN APPLICATION

Kasim **menghantar permohonan** *itu tanpa memberitahu ayahnya.*
Kasim sent the application without informing his father.

Saya disuruh **menghantar permohonan** *itu dengan surat berdaftar.*
I was asked to send the application by registered post.

Kerani Besar menyuruh pelayan pejabat **menghantar permohonan** *itu dengan segera.*
The chief clerk asked the office boy to send the application at once.

Mustafa dinasihatkan **menghantar permohonan** *itu melalui Ketua Pejabat.*
Mustafa was advised to send the application through the head of the department.

Bila-bila sahaja awak boleh **menghantar permohonan** *itu kepada kami.*
You can send us the application any time.

Setelah dia **menghantar permohonan***nya itu dia pun bertolak ke Singapura.*
After he sent his application, he left for Singapore.

Bilakah awak hendak menghantar permohonan itu?
Tidak lama lagi saya akan menghantar permohonan itu.

PALING MENARIK – VERY IMPRESSIVE/-ATTRACTIVE/INTERESTING

Ucapan Perdana Menteri kitalah yang **paling menarik** *dalam persidangan itu.*
Our Prime Minister's speech was the most interesting one at the conference.

Tidak ada barang-barang yang **paling menarik** *dalam pameran perdagangan itu.*
None of the items on display at the trade fair were very attractive.

Gubahan bunga yang **paling menarik** *itu ialah karya Cik Rubiah.*
The most attractive flower arrangement was that of Cik Rubiah.

Pasukan kita telah menunjukkan permainan yang **paling menarik** *dalam perlawanan itu.*
Our team put up a very impressive performance at the tournament.

Dia akan membuat rancangan yang **paling menarik** *untuk lawatan kita ke Sabah.*
He will prepare an exceedingly interesting programme for our visit to Sabah.

Keindahan pemandangan di keliling danau Toba **paling menarik** *daripada tempat-tempat lain.*
The scene around Lake Toba is very attractive compared with other places.

Apakah binatang yang paling menarik di zoo itu?
Binatang yang paling menarik di zoo itu ialah Orang Hutan.

DALAM PERBINCANGAN – DURING THE DISCUSSION
• AT THE DISCUSSION

Dahlan menyuarakan ketidakpuasan hatinya **dalam perbincangan** *itu.*
Dahlan voiced his dissatisfaction during the discussion.

Kami diminta hadir beramai-ramai **dalam perbincangan** *yang diadakan itu.*
We were asked to turn up in full force at the discussion.

Dua orang yang terpenting telah dijemput bersama **dalam perbincangan** *itu.*
Two very important persons were also invited to be present at the discussion.

Ramai yang hadir **dalam perbincangan** *itu tidak bersetuju perkara itu ditangguhkan.*
Many who were present at the discussion did not agree that the matter be postponed.

Bilangan orang yang hadir **dalam perbincangan** *itu mulai merosot.*
The number of persons to be present at the discussion has started to decrease.

Suasana hangat telah timbul **dalam perbincangan** *itu semasa membahaskan Penyataan Kewangan.*
A tense atmosphere prevailed at the discussion when the financial statement was debated.

Siapakah yang akan hadir dalam perbincangan itu?
Wakil dari badan berkanun akan hadir dalam perbincangan itu.

BERTINDAK TEGAS – TO ACT FIRMLY

Kami akan **bertindak tegas** *jika peristiwa itu berulang lagi.*
We will take firm action if the incident occurs again.

Kerajaan akan **bertindak tegas** *terhadap orang-orang yang membantu komunis.*
The government will act firmly against those who assist the communists.

Polis memberi amaran akan **bertindak tegas** *terhadap kumpulan haram itu.*
The police have given a warning that they will act firmly against any unlawful group.

Pihak yang berkuasa diminta **bertindak tegas** *terhadap penyebar khabar-khabar angin.*
The authorities were asked to take firm action against rumour-mongers.

Saya rasa kita tidak patut **bertindak tegas** *terhadap kesalahan sekecil itu.*
I feel that we should not take such firm action for such a minor misdemeanour.

Ketua Pengarah akan **bertindak tegas** *terhadap kakitangannya yang cuai.*
The Director-general will act firmly against negligent staff.

Siapakah yang bertindak tegas terhadap perkara itu?
Pengarah yang bertindak tegas terhadap perkara itu.

UNTUK DIPERSETUJUI – TO BE AGREED UPON
- FOR THE APPROVAL
- TO BE APPROVED

Perjanjian itu **untuk dipersetujui** *di antara kedua pihak.*
The agreement has to be approved by both parties.

Semua cadangan **untuk dipersetujui** *oleh mereka telah diterima.*
All proposals which have to be approved by them have been accepted.

Model kereta berhias **untuk dipersetujui** *oleh ahli-ahli mesyuarat itu telah dikemukakan.*
Models of the floats have been submitted for approval by members of the meeting.

Projek ini **untuk dipersetujui** *dulu sebelum dapat dijalankan.*
The project has to be approved before it can be carried out.

Laporan ini **untuk dipersetujui** *oleh saudara sebelum ditaip semula.*
The report has to be approved by you before it is retyped.

Senarai buku-buku ini dikemukakan **untuk dipersetujui** *oleh pustakawan.*
The book list has been submitted for approval by the librarian.

Adakah keputusan itu untuk dipersetujui ramai?
Ya, keputusan itu untuk dipersetujui ramai.

MEMBERI TEGURAN – TO GIVE OR OFFER CRITICISM • TO CRITICISE • TO POINT OUT/ADVISE

Walaupun saya telah **memberi teguran** *tetapi tidak juga diikutinya.*
Although I have given him advice, he does not seem to heed it.

Kami telah berkali-kali **memberi teguran** *tentang kesalahannya itu.*
We have time and again criticised his wrong doings.

Saya tidak akan **memberi teguran** *jika kesalahan yang sama berulang lagi.*
I am not going to point out the mistake if it is repeated again.

Tiap-tiap kali saya **memberi teguran** *nampaknya dia berasa tidak senang hati.*
Each time I make a criticism, he appears to be unhappy.

Pengetua **memberi teguran** *kepada pelajar-pelajar yang bersikap degil.*
The principal criticises those students who adopt an obstinate attitude.

Ketua Pejabat selalu **memberi teguran** *kepada pegawai-pegawainya yang cuai.*
The head of the department always criticises officers who are negligent.

Adakah awak memberi teguran tentang kesalahannya itu?
Saya tidak dapat memberi teguran tentang kesalahannya itu.

MENDAPAT TEMPAT – FOUND/SECURED A PLACE

Pertandingan bola sepak telah **mendapat tempat** *di kalangan rakyat negara ini.*
Football has found a place in the hearts of the people in this country.

Alat-alat elektrik telah menjadi popular dari itu **mendapat tempat** *di pasaran.*
Electrical equipment is popular and has therefore found a place in the market.

Getah asli sedang **mendapat tempat** *di pasaran asing.*
Natural rubber is finding a place in foreign markets.

Orang yang lambat sampai, tidak **mendapat tempat** *dalam panggung itu.*
Late arrivals will not find a place in the theatre.

Pelajaran Jawi telah mula **mendapat tempat** *dalam bidang pelajaran sekolah.*
The study of Jawi has begun to find a place in the school curriculum.

Budi-bahasa rakyat Malaysia telah **mendapat tempat** *di hati para pelancong.*
The courtesy of Malaysians has found a place in the hearts of tourists.

Dengan kelulusan itu bolehkah dia mendapat tempat di universiti?
Dengan kelulusan itu dia boleh mendapat tempat di universiti.

DALAM TEMPOH – WITHIN A PERIOD OF TIME

Dalam tempoh *sebulan sahaja dia telah dua kali masuk ke hospital.*
He has been admitted to hospital twice within a month.

Dalam tempoh *seminggu dua ini kami akan datang berjumpa awak.*
We will come and see you in a week or two.

Dalam tempoh *berapa jam sahaja rumah itu hangus dijilat api.*
Within a matter of hours the house was razed to the ground by the fire.

Buku-buku perpustakaan ini boleh dipinjam **dalam tempoh** *dua minggu.*
The library books can be borrowed for a period of two weeks.

Semua borang telah diterima balik **dalam tempoh** *yang ditetapkan.*
All forms were returned within the specified period.

Pegawai itu dianugerahkan pingat **dalam tempoh** *perkhidmatannya dengan kerajaan.*
The officer was awarded a medal during the period he served with the government.

Dalam tempoh berapa hari kerja ini boleh siap?
Dalam tempoh seminggu kerja ini boleh siap.

MEMBANGKITKAN KEKACAUAN – TO CREATE/CAUSE CONFUSION

Berita angin itu telah **membangkitkan kekacauan** *di antara semua orang di sini.*
The rumour has created confusion among the people here.

Perkara yang boleh **membangkitkan kekacauan** *patutlah dielakkan.*
Anything that can create confusion should be avoided.

Kenyataan-kenyataan yang boleh **membangkitkan kekacauan** *itu telah ditarik balik.*
The statements likely to cause confusion have been withdrawn.

Keterangan yang samar-samar, biasanya boleh **membangkitkan kekacauan.**
Vague explanations usually cause confusion.

Kalau perkara itu boleh **membangkitkan kekacauan** *eloklah dibincangkan dulu.*
If the matter is going to create confusion, it had better be discussed first.

Dia itulah yang selalu suka **membangkitkan kekacauan** *di tempat ini.*
He always likes to create confusion in this place.

Adakah perkara itu boleh membangkitkan kekacauan?
Perkara itu tidak boleh membangkitkan kekacauan.

AKAN MENJEJASKAN – WILL DAMAGE/EFFECT

Tingkah-lakunya yang kurang baik itu **akan menjejaskan** *nama baik keluarganya.*
His poor behaviour will damage his family's good reputation.

Kekurangan hasil pertanian **akan menjejaskan** *ekonomi negara.*
The shortage of agricultural produce will affect the national economy.

Kegagalannya dalam peperiksaan **akan menjejaskan** *cita-citanya belajar ke luar negeri.*
His failure in the examination will affect his ambitions to study abroad.

Keruntuhan akhlak para belia **akan menjejaskan** *nama baik negara.*
The moral degeneration of youth will damage the good name of the nation.

Kebakaran besar yang menimpa keluarga itu **akan menjejaskan** *penghidupan mereka.*
The big fire that struck the family will affect their lives.

Krisis itu **akan menjejaskan** *keinginannya hendak berkahwin dengan gadis itu.*
The crisis will affect his desire to marry the girl.

Tidakkah tindakan itu akan menjejaskan nama baik firma awak?
Saya fikir tindakan itu tidak akan menjejaskan nama baik firma saya.

DIAKUI SAH – TO BE CONFIRMED • RECOGNISED/CERTIFIED • ACKNOWLEDGED AS VALID/-LEGAL • SUBSTANTIATED

Pasport itu tidak **diakui sah** *oleh Jabatan Imigeresen negara itu.*
The passport is not acknowledged as valid by the immigration department of that country.

Surat perjanjian itu tidak **diakui sah** *kerana tidak bersetem.*
The agreement is not acknowledged as valid because it is not stamped.

Ada beberapa permohonan lagi yang belum **diakui sah**.
There are some applications which have not been substantiated.

Minit mesyuarat itu setelah **diakui sah** *barulah boleh diedarkan.*
The minutes of the meeting can only be circulated after they are confirmed.

Apabila jawatan itu telah **diakui sah** *barulah boleh dibayar gaji tetap.*
A fixed salary can only be paid after the appointment is confirmed.

Dokumen yang difotostat itu hendaklah **diakui sah** *oleh Ketua Jabatan.*
The photostat copy of the document has to be certified as true by the departmental head.

Bilakah jawatan awak itu diakui sah?
Bulan sudah jawatan saya ini diakui sah.

DAPAT MERASAI – CAN FEEL • ENJOY • SAVOUR

Anak-anak **dapat merasai** *kasih sayang dari ibu bapa yang bertanggungjawab.*
The children of responsible parents are able to enjoy love and affection.

Isteri akan **dapat merasai** *bahagia di samping suami yang jujur.*
A wife who has an honest husband by her side will be able to savour happiness.

Rakyat akan **dapat merasai** *bagaimana zalimnya ancaman komunis terhadap negara ini.*
The people can feel how dangerous the communist threat to the country is.

Rakyat akan **dapat merasai** *nikmat hidup jika negara aman dan makmur.*
The people will be able to savour the joys of life if the country is peaceful and prosperous.

Rakyat **dapat merasai** *kesan kenaikan harga barang-barang yang melambung tinggi itu.*
The people can feel the effects of spiralling commodity prices.

Kita mula **dapat merasai** *lega sedikit kerana tekanan inflasi di negara kita sedang berkurangan.*
We are beginning to feel better as the pressure of inflation is easing in our country.

Siapakah dapat merasai kemakmuran negara ini.
Orang ramai dapat merasai kemakmuran negara ini.

TIDAK BOLEH TIDAK – HAVE TO • OUGHT • SHOULD • WOULD • NECESSARY • WITHOUT FAIL

Tidak boleh tidak *saya mesti berada di Kuala Lumpur pagi esok.*
I have to be in Kuala Lumpur by tomorrow morning.

Jambatan yang runtuh itu **tidak boleh tidak** *mesti dibina semula.*
The bridge that collapsed has to be rebuilt.

Kata dokter pesakit itu **tidak boleh tidak** *mesti dibedah pada malam ini.*
The doctor said that it was necessary for the patient to be operated on tonight.

Tidak boleh tidak *awak mesti lulus ujian itu pada kali ini.*
You ought to pass the test this time.

Polis berazam menangkap pembunuh itu dengan **tidak boleh tidak**.
The police vowed that they would arrest the murderer.

Semua akaun syarikat itu mesti diaudit pada bulan ini dengan **tidak boleh tidak**.
All the company's accounts have to be audited this month without fail.

Siapakah yang diminta datang dengan tidak boleh tidak?
Kita semua, diminta datang dengan tidak boleh tidak.

TERBUKU RASA HATI – DISSATISFIED • DISAPPOINTED • DISPLEASED • UNHAPPY

Bapa Abas **terbuku rasa hati** *kerana anaknya tidak lulus peperiksaan.*
Abas' father was disappointed because his child failed the exam.

Orang kampung **terbuku rasa hati** *kerana Pegawai Daerah tidak hadir dalam perjumpaan itu.*
The kampung folk were displeased because the District officer was absent during the meeting.

Salmah **terbuku rasa hati** *kerana tidak dapat hadir di hari perkahwinan kawannya.*
Salmah was disappointed becaused she was unable to attend her friend's wedding.

Terbuku rasa hati*nya kerana dia tidak terpilih belajar ke Maktab Perguruan.*
He was disappointed because he was not chosen to study at the teachers' college.

Sungguh **terbuku rasa hati** *kerana sahabat baik saya tidak menepati janji.*
I was disappointed because my good friend broke his promise.

Terbuku rasa hati *ibu Suzy kerana anaknya tidak mahu mengikut cakapnya lagi.*
Suzy's mother is unhappy because her daughter refuses to obey her.

Adakah awak terbuku rasa hati dengan kenyataan itu?
Ya, terbuku rasa hati saya dengan kenyataan itu.

BOLEH DIFIKIRKAN – CAN BE CONSIDERED/-DISCUSSED

Sepatutnya masalah itu **boleh difikirkan** *bersama bagi kebaikan.*
We ought to discuss the problem together for our common good.

Cadangan yang dikemukakan itu **boleh difikirkan** *di antara keluarga kita sahaja.*
The proposal put forward can be discussed only among members of the family.

Rancangan awak itu **boleh difikirkan** *oleh semua dalam mesyuarat yang akan datang ini.*
Your plan can be discussed by everybody at the coming meeting.

Perkara itu **boleh difikirkan** *manakala sampai masanya kelak.*
The matter can be considered when the time comes.

Bersabarlah dahulu, perkara itu **boleh difikirkan** *lagi dalam perjumpaan esok.*
Be patient, the matter can be discussed again at tomorrow's meeting.

Istilah-istilah sains dalam Bahasa Malaysia **boleh difikirkan** *oleh Jawatankuasa itu nanti.*
Scientific terminology in Bahasa Malaysia can be discussed by the committee.

Siapa mengatakan perkara itu boleh difikirkan di antara kita sahaja?
Penghulu mengatakan perkara itu boleh difikirkan di antara kita sahaja.

MEMPUNYAI PANDANGAN – TO HAVE AN OPINION
• TO ADOPT/TAKE A VIEW OF
• TO REGARD

Pegawai muda itu **mempunyai pandangan** *yang luas terhadap rancangan itu.*
The young officer takes a far-sighted view of the plan.

Manakala merancang sesuatu projek kita mestilah **mempunyai pandangan** *yang luas.*
When planning a project, we must adopt a far-sighted view of things.

Kita hendaklah **mempunyai pandangan** *yang luas manakala membuat sesuatu projek.*
We should adopt a far-sighted view when launching any project.

Ketua pejabat kami **mempunyai pandangan** *yang sihat terhadap kakitangannya.*
The head of our department regards his staff in a fair manner.

Ibu bapa hari ini dituduh **mempunyai pandangan** *yang sempit terhadap kaum belia.*
Parents nowadays are accused of having a narrow minded view of youth.

Orang-orang tua dahulu dikatakan **mempunyai pandangan** *yang sempit terhadap kemajuan dunia hari ini.*
Elderly people were previously said to have taken a narrow minded view of the world's present progress.

Mereka mempunyai pandangan yang bagaimana terhadap rancangan itu?
Mereka mempunyai pandangan yang istimewa terhadap rancangan itu.

MEMPERBAIKI TARAF HIDUP – TO IMPROVE THE STANDARD OF LIVING • TO BETTER THE STANDARD OF LIVING

Kerajaan menyeru supaya berusaha bersungguh-sungguh bagi **memperbaiki taraf hidup** *masing-masing.*
The government called on everyone to work diligently so as to better their standard of living.

Ada berbagai cara kita boleh **memperbaiki taraf hidup** *kita.*
There are many ways to better our standard of living.

Penguasa ladang diminta **memperbaiki taraf hidup** *buruh-buruh di ladang itu.*
The estate owner was asked to improve the standard of living of his labourers on the estate.

Jika kita berusaha dengan lebih giat lagi, kita boleh **memperbaiki taraf hidup** *kita.*
If we work a little harder we can better our standard of living.

Kerajaan menggalakkan penduduk-penduduk luar bandar **memperbaiki taraf hidup** *mereka masing-masing.*
The government encouraged the rural folk to improve their standard of living.

Untuk **memperbaiki taraf hidup** *orang-orang asli, anak-anak mereka diberi pelajaran percuma.*
To better the standard of living of the orang asli their children are given free education.

Bolehkah kita cuba memperbaiki taraf hidup mereka itu?
Jika kita sepakat, kita boleh memperbaiki taraf hidup mereka itu.

MENGELUARKAN KENYATA-AN – ISSUE A NOTICE/-MEMORANDUM

Kerajaan telah **mengeluarkan kenyataan** *mengenai krisis itu kepada orang ramai.*
The government issued a notice to the people regarding the crisis.

Pegawai Kerja telah **mengeluarkan kenyataan** *mengenai kakitangan yang datang lewat.*
The Executive Officer issued a memorandum regarding staff that come late.

Polis telah **mengeluarkan kenyataan** *mengenai bahaya membakar mercun.*
The police issued a notice emphasising the dangers of letting off fire crackers.

Biro Narkotik selalu **mengeluarkan kenyataan** *mengenai bahaya dadah.*
The Narcotics Bureau always issue notices pointing out the dangers of drugs.

Sebelum awak **mengeluarkan kenyataan** *itu, awak patut berunding dengan saya dulu.*
Before you issue that memorandum you had better discuss it with me first.

Pegawai-pegawai yang bertanggungjawab sahaja dibenarkan **mengeluarkan kenyataan**.
Only responsible officers are authorised to issue memorandums.

Siapa membenarkan dia mengeluarkan kenyataan itu?
Ketua Pengarah membenarkan dia mengeluarkan kenyataan itu.

MENGELUARKAN BANTUAN – PROVIDE AID

Sekolah kami telah **mengeluarkan bantuan** *buku-buku rampaian kepada murid-murid miskin.*
Our school has provided aid in the form of exercise books to poor pupils.

Kerajaan telah **mengeluarkan bantuan** *pinjaman buku-buku teks kepada murid-murid di luar bandar.*
The government has provided aid by lending text books to pupils in the rural areas.

Pejabat perumahan telah **mengeluarkan bantuan** *pinjaman wang kepada kakitangan kerajaan.*
The housing office has provided aid in the form of loans to government officers.

Kementerian Kebajikan Masyarakat telah **mengeluarkan bantuan** *untuk menjayakan rancangan itu.*
The Ministry of Welfare Services has provided aid for the success of that project.

Jarang terdengar orang-orang yang berada **mengeluarkan bantuan** *biasiswa.*
Seldom do we hear of well-to-do people providing aid in the form of scholarships.

Orang-orang kampung telah **mengeluarkan bantuan** *bagi membaiki masjid itu.*
The kampung folk provided aid for the repairing of that mosque.

Syarikat mana yang mengeluarkan bantuan itu?
Syarikat Bumiputera yang mengeluarkan bantuan itu.

MENGIKUT JADUAL – ACCORDING TO A TIME-TABLE • ACCORDING TO SCHEDULE

Guru-guru hendaklah mengajar **mengikut jadual** *yang ditetapkan.*
Teachers have to teach according to a fixed time-table.

Doktor menasihatkan pesakitnya makan ubat **mengikut jadual** *yang ditentukan.*
The doctor told the patient to take his medicine according to a schedule.

Mengikut jadual *di papan itu kapal terbang akan sampai pada malam ini.*
According to the schedule on the board the plane will arrive tonight.

Mengikut jadual *yang tertulis di buku ini, hari ini giliran awak bertugas.*
According to the time-table in this book, today is your turn for duty.

Mengikut jadual *baru keretapi dari utara akan sampai lewat sejam.*
According to the new time-table the train from the north will arrive one hour late.

Mesyuarat itu telah berjalan dengan licin **mengikut jadual**.
The consultations went on smoothly according to schedule.

Mengikut jadual bila dia akan sampai?
Mengikut jadual dia akan sampai pagi ini.

DI LUAR DUGAAN – BEYOND EXPECTATIONS
• UNEXPECTED

Peristiwa yang berlaku itu adalah **di luar dugaan** *kami.*
The incident that occured was unexpected.

Kebolehan kanak-kanak itu memang **di luar dugaan** *sesiapa pun.*
The ability of those children is definitely beyond anybody's expectations.

Dalam dunia moden ini sering berlaku perkara-perkara yang **di luar dugaan** *manusia.*
In this modern world incidents beyond man's expectations have often taken place.

Keputusan peperiksaan yang **di luar dugaan** *itu menggembirakan guru-guru di sekolah itu.*
The examination results that were beyond expectations, pleased the teachers of that school.

Kejayaan cemerlang yang didapati dalam pertandingan itu adalah **di luar dugaan**.
The outstanding success achieved in the contest was beyond anyone's expectations.

Tindakan tegas yang diambil oleh Lembaga Pengarah itu **di luar dugaan** *pekerja-pekerja syarikat itu.*
The stern measures taken by the Board of Directors was unexpected by the employees of that company.

Awak kata, kejadian itu berlaku di luar dugaan siapa?
Kejadian itu berlaku di luar dugaan kita semua.

DI LUAR PENGETAHUAN – WITHOUT THE KNOWLEDGE

Kesatuan itu telah bertindak **di luar pengetahuan** *presidennya.*
The Association acted without the knowledge of its president.

Saya tidak bertanggungjawab, jika awak membuat sesuatu **di luar pengetahuan** *saya.*
I am not responsible if you do something without my knowledge.

Ketua mereka telah dipecat kerana membuat laporan akhbar **di luar pengetahuan** *Ahli Jawatankuasanya.*
Their head was suspended because he made a statement for the newspapers without the knowledge of his committee members.

Dia marahkan keraninya kerana mengeluarkan arahan **di luar pengetahuan***nya.*
He reprimanded his clerk for issuing a directive without his knowledge.

Budak-budak hari ini suka melakukan sesuatu **di luar pengetahuan** *ibu bapa mereka.*
Children today like to do things without the knowledge of their parents.

Saya menasihatkan murid-murid saya supaya jangan membuat sesuatu **di luar pengetahuan** *guru mereka.*
I advised my pupils not to do anything without their teachers' knowledge.

Betulkah pakatan itu dibuat di luar pengetahuan Pengarah?
Ya, pakatan itu dibuat di luar pengetahuan Pengarah.

SEBAHAGIAN BESAR – A MAJOR SEGMENT/PORTION • MAJORITY • LARGE

Sebahagian besar *daripada ladang itu telah dijual kepada seorang hartawan.*
A major segment of that estate was sold to a wealthy person.

Sebahagian besar *daripada saham itu belum berjual lagi.*
A major portion of the shares was not sold.

Pihak kastam telah menjumpai **sebahagian besar** *daripada barang-barang yang diseludup itu.*
The customs recovered a major portion of the smuggled goods.

Mesyuarat itu dapat menyelesaikan **sebahagian besar** *daripada masalah orang kampung itu.*
The meeting resolved the majority of the problems of those kampung folks.

Mereka telah menanam semula **sebahagian besar** *daripada ladang getah itu.*
They had replanted a major segment of the rubber estate.

Rumah-rumah yang di dalam rancangan itu **sebahagian besar** *daripadanya telah diduduki.*
A major section of the houses in that housing scheme has been occupied.

Sebahagian besar daripada buku-buku itu dicetak di mana?
Sebahagian besar daripada buku itu dicetak di Hong Kong.

SEBAHAGIAN DARIPADA – A PORTION OF • A SEGMENT OF • A SECTION OF • SOME

Sebahagian daripada *harta bapa saya telah dibahagi-bahagikan kepada anak-anaknya.*
A portion of my father's wealth was shared amongst his children.

Sebahagian daripada *saham-saham itu akan dijual kepada bumiputera.*
A portion of those shares will be sold to bumiputeras.

Sebahagian *besar pemain-pemain hoki itu terdiri* **daripada** *pemain-pemain profesional.*
Some of the hockey players are professionals.

Pada musim hujan ini **sebahagian daripada** *ladangnya telah ditenggelami air.*
During this rainy season a segment of his estate was flooded.

Polis telah menjumpai **sebahagian daripada** *alat-alat elektrik yang hilang itu.*
The police have recovered some of the electrical goods that were lost.

Kebakaran itu menyebabkan **sebahagian daripada** *bangunan itu tidak dapat digunakan lagi.*
The fire caused a section of the building to become out of use.

Sebahagian daripada mereka tinggal di mana?
Sebahagian daripada mereka tinggal di asrama.

YANG SEPATUTNYA – ACTUALLY/ACTUAL
• SUPPOSED TO BE • SUITABLE
• WHICH IS PROPER
• APPROPRIATE

Berilah layanan **yang sepatutnya** *kepada pekerja-pekerja yang menderita itu.*
Give proper attention to those workers who are suffering.

Kata Salleh, **yang sepatutnya** *Buyonglah membuat kerja itu.*
Salleh said that it was Buyong who actually did that work.

Baju **yang sepatutnya** *diberikan kepada adiknya itu telah hilang.*
The dress which was supposed to be given to his sister was lost.

Apakah kerja **yang sepatutnya** *saya berikan kepada awak?*
What suitable work is there that I can give you?

Hakim itulah **yang sepatutnya** *membicarakan kes rompakan itu.*
That judge properly discussed the robbery case.

Harga **yang sepatutnya** *hendaklah dituliskan di papan itu.*
The actual price must be written on that board.

Adakah dia yang sepatutnya membuat kerja itu?
Ya, dialah yang sepatutnya membuat kerja itu.

MENJALANKAN PERINTAH – TO CARRY OUT THE ORDERS
• OBEY THE ORDERS
• CARRY OUT THE COMMANDS

Guru Besar telah **menjalankan perintah** *yang dikeluarkan oleh Pejabat Pelajaran.*
The Headmaster carried out the orders issued by the Education Department.

Hang Tuah, hulubalang yang taat **menjalankan perintah** *Sultan Melaka.*
Hang Tuah the obedient warrior carried out the commands of the Sultan of Malacca.

Pekedai-pekedai telah **menjalankan perintah** *Kerajaan untuk menurunkan harga barang-barang.*
Shopkeepers carried out the orders of the government to reduce the prices of goods.

Pekerja-pekerja kilang enggan **menjalankan perintah** *majikannya.*
The factory workers are unwilling to obey the orders of their employer.

Kami dihantar bertugas kemari untuk **menjalankan perintah** *pihak yang berkuasa.*
We were sent to work here, so as to carry out the orders of the authorities.

Siapa yang disuruh menjalankan perintah itu?
Seorang sarjan disuruh menjalankan perintah itu.

MENJALANKAN PERNIAGAAN – TO START A BUSINESS
• TO DO BUSINESS

Tong Nam telah mula **menjalankan perniagaan** *menjual aiskrim di kampung-kampung.*
Tong Nam has already started an ice-cream business in the kampung.

Mariati **menjalankan perniagaan** *kain batik di sebuah arked di Ibu Kota.*
Mariati is doing batek business in an arcade in the capital.

Sesiapa juga yang **menjalankan perniagaan** *mestilah bertekun dan sabar.*
Whoever has a business must be diligent and patient.

Darwis telah diberi pinjaman wang untuk **menjalankan perniagaan***nya.*
Darwis was given a loan to start his business.

Menjalankan perniagaan *tidak memadai dengan modal sahaja.*
Starting a business does not depend on capital only.

Menjalankan perniagaan *secara borong tidak mendapat keuntungan yang banyak.*
Carrying on a wholesale business is not very profitable.

Sanggupkah awak menjalankan perniagaan di tempat itu?
Saya sanggup menjalankan perniagaan di mana-mana saja.

MENJALANKAN TUGAS – TO CARRY OUT DUTIES
• TO WORK

Awak dikehendaki **menjalankan tugas** *ini dengan sempurna.*
You are expected to carry out these duties satisfactorily.

Kaum wanita diminta **menjalankan tugas** *mereka sebagai suri rumah.*
Women are asked to to carry out their duties as housewives.

Tidak ada orang yang sanggup **menjalankan tugas** *seberat itu.*
No one is willing to work on anything so difficult.

Jika awak berhenti siapakah yang akan **menjalankan tugas** *itu?*
If you resign who will carry out your duties?

Dia telah diberi amaran kerana tidak **menjalankan tugas** *dengan baik.*
He was warned because he did not carry out his duties efficiently.

Mereka telah dituduh tidak **menjalankan tugas** *dengan jujur.*
They were accused of not carrying out their duties honestly.

Siapakah yang patut menjalankan tugas hari ini?
Leman yang patut menjalankan tugas hari ini.

MEMBAWA HATI – DISAPPOINTED
• DISHEARTENED

Janganlah lekas **membawa hati** *jika maksud awak itu tidak tercapai.*
Do not be disheartened if your objective has not been achieved.

Vijaya **membawa hati** *sebab bapanya tidak mengambil berat hal pelajarannya.*
Vijaya feels disappointed because her father does not take her studies seriously.

Jangan lekas **membawa hati** *tanpa menyiasat hal itu terlebih dahulu.*
Do not feel disheartened without first investigating the matter.

Oleh sebab budak itu selalu dimarahi dia pun **membawa hati**.
The boy feels disheartened because he is always being scolded.

Isteri Sudirman telah balik ke kampung kerana **membawa hati**.
*Sudirman's wife went back to the kampung because she felt disap-*pointed.

Fatimah telah seminggu hilang dari rumahnya kerana **membawa hati**.
Fatimah has been missing for a week from her house bcause she was disheartened.

Kenapa gadis itu membawa hati?
Gadis itu membawa hati kerana pertunangannya telah diputuskan.

MEMAINKAN PERANAN – PLAY A PART/ROLE

Dahari telah **memainkan peranan** *yang penting dalam hal itu.*
Dahari played an important part in that matter.

Mata-mata gelap itu **memainkan peranan** *yang penting dalam kes itu.*
That detective played an important part in that case.

Bahasa **memainkan peranan** *yang penting untuk menyatupadukan rakyat.*
Language plays a vital role in uniting the people.

Guru-guru **memainkan peranan** *yang penting dalam lapangan pendidikan.*
Teachers play an important part in the field of education.

Orang tengah **memainkan peranan** *di antara penjual dengan pembeli.*
Middle men play a part between sellers and buyers.

Dalam drama itu mereka telah **memainkan peranan** *masing-masing dengan jayanya.*
In that drama they played their part very well.

Siapakah yang memainkan peranan yang penting dalam pejabat itu?
Ketua Pejabat memainkan peranan yang penting dalam sesebuah pejabat.

YANG SEBAIK-BAIKNYA – IT IS BEST

Mengikut kata Ali, **yang sebaik-baiknya** *awak datanglah ke rumah saya dulu.*
According to Ali, it is best that you come to my house first.

Saya fikir, **yang sebaik-baiknya** *awak sambunglah semula pelajaran awak itu.*
I think it is best that you continue with your studies.

Murid yang lemah itu, **yang sebaik-baiknya** *dibantu dalam pelajaran di rumah.*
It is best that the weak pupil is helped in his studies at home.

Jika surat itu mustahak, **yang sebaik-baiknya** *awak hantarlah sendiri.*
If that letter is important, it is best that you send it yourself.

Yang sebaik-baiknya, *awak sudahkan kerja itu sebelum awak pergi.*
It is best that you complete the work before you go.

Yang sebaik-baiknya *tindakan kita itu tidak merupakan berat sebelah.*
It is best that the action we take is not one-sided.

Siapakah yang sebaik-baiknya dijemput?
Yang sebaik-baiknya dijemput ialah Pegawai Daerah.

PAKATAN SULIT – CLANDESTINE GROUP
• SECRET SOCIETY

Polis tahu ada **pakatan sulit** *yang bergerak di bawah tanah.*
The police know that there is a clandestine group which operates underground.

Sarang **pakatan sulit** *itu sedang disiasat oleh pihak yang berkenaan.*
The hideout of the clandestine group is being investigated by the authorities.

Dalam satu serbuan mengejut dua orang ahli **pakatan sulit** *telah ditangkap.*
During a surprise raid, two members of the clandestine group were arrested.

Tanpa kerjasama dari orang ramai gerakan **pakatan sulit** *itu tidak dapat dilumpuhkan.*
Without the cooperation of the public, the clandestine groups operations cannot be crippled.

Ketua **pakatan sulit** *itu telah ditembak mati dalam satu serbuan pagi tadi.*
The leader of the secret society was shot dead in a raid this morning.

Sejak skim Rukun Tetangga diadakan kumpulan **pakatan sulit** *telah berkurangan.*
Since the initiation of the Rukun Tetangga scheme, secret societies have reduced in number.

Di mana sarang pakatan sulit itu?
Sarang pakatan sulit itu di dalam sebuah gua.

SETENGAH-SETENGAH KEJADIAN – SOME OF THE EVENTS • CERTAIN INCIDENTS

Setengah-setengah kejadian *yang buruk itu terjadi dengan tidak disangka-sangka.*
Some of the bad events happened unexpectedly.

Setengah-setengah kejadian *yang berlaku itu tidak dapat dielakkan.*
Certain incidents that have occured were unavoidable.

Setengah-setengah kejadian *jenayah yang berlaku baru-baru ini adalah di luar dugaan.*
Some of the recent unlawful happenings are beyond imagination.

Mengikut siasatan polis **setengah-setengah kejadian** *itu dibangkitkan oleh anasir-anasir anti-nasional.*
According to police investigations some of the incidents were caused by anti-national elements.

Tidak ramai orang-orang di kampung itu yang dapat mengingatkan tentang **setengah-setengah kejadian** *itu.*
Not many people in that kampung remember some of the events correctly.

Mereka berpendapat **setengah-setengah kejadian** *itu sengaja diada-adakan.*
They thought that some of the incidents were done on purpose.

Bila berlaku setengah-setengah kejadian itu?
Setengah-setengah kejadian itu berlaku dalam tahun lalu.

SETENGAH-SETENGAH TEMPAT – SOME PLACES

Saya belum lagi melawat **setengah-setengah tempat** *di negeri itu.*
I have not yet visited some places in that country.

Pada tahun ini **setengah-setengah tempat** *di negeri Kelantan tidak dilanda banjir.*
This year, some areas in the state of Kelantan were not flooded.

Di **setengah-setengah tempat** *di negeri itu tidak sesuai dijadikan kawasan penternakan.*
Certain areas in that state are unsuitable for farming.

Adat perkahwinan di **setengah-setengah tempat** *di Malaysia berlainan sedikit.*
Marriage customs differ slightly in some parts of Malaysia.

Hitung panjang penduduk di **setengah-setengah tempat** *di luar bandar adalah miskin.*
Dwellers in some rural areas are very poor in general.

Hujan telah turun dengan lebatnya di **setengah-setengah tempat** *sahaja.*
It rained heavily in only certain places.

Setengah-setengah tempat itu rosak kerana apa?
Setengah-setengah tempat itu rosak dilanda banjir.

SETENGAH-SETENGAH ORANG – A SECTION/GROUP OF PEOPLE
• SOME PEOPLE

Ada **setengah-setengah orang** *susah hendak meninggalkan tabiat merokok.*
There is a section of people who find it difficult to give up the habit of smoking.

Ada **setengah-setengah orang** *tidak mengambil berat tentang pelajaran anak-anak mereka.*
There are some people who don't take their children's education seriously.

Setengah-setengah orang *berfikir kerja itu tidak sesuai untuk wanita.*
Some people think that that particular job is unsuitable for women.

Hanya **setengah-setengah orang** *sahaja yang bersetuju dengan cadangan itu.*
Only a section of people agree with that suggestion.

Saya lihat **setengah-setengah orang** *masih belum boleh bertutur dalam Bahasa Malaysia.*
I find there are some people who are still unable to converse in Bahasa Malaysia.

Di antara kita ini ada **setengah-setengah orang** *sangat memilih tentang mencari kerja.*
There is amongst us a group of people who are very selective in finding jobs.

Setengah-setengah orang itu tinggal di mana?
Setengah-setengah orang itu tinggal di Balai Raya.

PECAH AMANAH – BREACH OF TRUST

Janganlah melakukan **pecah amanah** *terhadap sesiapa pun.*
Don't commit a breach of trust on anybody.

Kakitangan kerajaan yang melakukan **pecah amanah** *akan diberhentikan kerja.*
Government servants who commit a breach of trust will have their services terminated.

Kejadian **pecah amanah** *itu berlaku pada masa mengedarkan soalan peperiksaan.*
The breach of trust was commited during the distribution of examination questions.

Orang yang bersifat mulia tidak harus melakukan **pecah amanah**.
One who is honest is unlikely to commit a breach of trust.

Kerani wang itu ditangkap kerana tuduhan melakukan **pecah amanah**.
That financial clerk was arrested because he was accused of breach of trust.

Saya hilang kepercayaan kepada sesiapa juga yang melakukan **pecah amanah**.
I distrust anyone who has commited a breach of trust.

Siapa yang melakukan pecah amanah itu?
Seorang kerani yang melakukan pecah amanah itu.

DALAM KESUSAHAN – IN DISTRESS/DIFFICULTY/-TROUBLE

Kita hendaklah selalu menolong orang yang **dalam kesusahan**.
We must always help people who are in distress.

Satu daripada tugas pengakap ialah menolong orang yang **dalam kesusahan**.
One of the duties of a scout is to help people who are in trouble.

Semenjak suaminya meninggal dunia dia sentiasa **dalam kesusahan**.
Ever since the death of her husband she is always in distress.

Susan selalu menangis apabila mengenangkan emaknya yang **dalam kesusahan**.
Susan always cries whenever she recalls the difficulties of her mother.

Walaupun dia **dalam kesusahan** *tetapi air mukanya sentiasa manis.*
Although he is in difficulties he is always cheerful.

Ramai orang menderma kepada keluarganya yang **dalam kesusahan** *itu.*
Many people contributed donations to his family that is in distress.

Ramaikah orang yang dalam kesusahan di kampung ini?
Di kampung ini ramai orang dalam kesusahan.

DALAM JAGAAN – TO CARE
- THE RESPONSIBILITY OF
- UNDER THE CARE OF

Sungguhpun Moorthy telah dewasa tetapi dia masih lagi **dalam jagaan** *ibunya.*
Although Moorthy has reached adulthood he is still under the care of his mother.

Pesakit-pesakit itu **dalam jagaan** *Dr. Hussein.*
Those patients are under the care of Dr. Hussein.

Sekarang anak-anak yatim itu **dalam jagaan** *rumah Kebajikan Masyarakat.*
Those orphans are now under the care of the Social Welfare home.

Saya bertanggungjawab kepada budak itu kerana dia **dalam jagaan** *saya.*
I'm responsible for that boy because he is under my care.

Penjaja-penjaja di tepi pasar itu **dalam jagaan** *polis bandaraya.*
The hawkers by the side of the market are the responsibility of the City Police.

Walaupun dia masih **dalam jagaan** *ibu bapanya, tetapi dia tidak mahu mengikut nasihat mereka.*
Although he is still cared for by his parents he refuses to heed their advice.

Sekarang awak dalam jagaan siapa?
Sekarang saya dalam jagaan datuk saya.

MENDAPAT KEJAYAAN – BE SUCCESSFUL/VICTORIOUS

Saya tahu tuan akan **mendapat kejayaan** *dalam semua lapangan.*
I know you will be successful in everything you do.

Sesiapa juga yang tekun dalam sesuatu tugasnya tentu akan **mendapat kejayaan**.
Anyone who is diligent in their work will surely be successful.

Peneroka-peneroka itu telah **mendapat kejayaan** *dalam rancangan penanaman kelapa sawit.*
Those settlers have been successful in the oil-palm planting programme.

Untuk **mendapat kejayaan** *dalam sesuatu lapangan bukanlah perkara yang mudah.*
To be successful in a certain field is not an easy thing.

Kalau awak belajar bersungguh-sungguh tentu akan **mendapat kejayaan**.
If you study diligently you will surely be successful.

Dia telah cuba beberapa kali tetapi tidak juga **mendapat kejayaan**.
He has tried many times but is still not successful.

Kerjanya itu sudahkah mendapat kejayaan?
Kerjanya itu belum mendapat kejayaan lagi.

MENDAPAT PERHATIAN – TO RECEIVE ATTENTION
• CONSIDERED

Usaha Zamani hendak memajukan kampung itu tidak **mendapat perhatian**.
Zamani's effort to develop that kampung did not receive attention.

Kemunduran pelajaran anak saya telah **mendapat perhatian** *gurunya.*
The decline in my child's interest in studies has received the attention of his teacher.

Memorandam pekerja-pekerja itu **mendapat perhatian** *majikannya.*
The memorandum of the workers was considered by their employer.

Aduan-aduan yang besar sahaja akan **mendapat perhatian** *segera.*
Only major complaints will be considered immediately.

Permohonan tanah itu telah **mendapat perhatian** *pihak berkenaan.*
The application for that land has been considered by those concerned.

Rancangan Buku Hijau itu mula **mendapat perhatian** *rakyat.*
The Green Book programme is beginning to receive the attention of the people.

Adakah perkara itu mendapat perhatian kerajaan?
Ya, perkara itu mendapat perhatian kerajaan.

MENDAPAT KEUNTUNGAN – TO MAKE A PROFIT
• PROFITABLE • TO BENEFIT
• BENEFITED • BENEFICIAL

Bukan mudah hendak **mendapat keuntungan** *daripada sesuatu perniagaan.*
It is not easy to make a profit from a business.

Jika kita hendak **mendapat keuntungan** *yang lebih kita hendaklah berusaha.*
If we are to enjoy greater benefits we must work for it.

Tidak sesiapa pun yang **mendapat keuntungan** *daripada perselisihan yang berlaku itu.*
No one benefited from that settlement.

Jangan diharap **mendapat keuntungan** *apa-apa dari khidmat tuan itu.*
Don't expect to benefit in any way from your services.

Berusahalah bersungguh-sungguh moga-moga tuan akan **mendapat keuntungan**.
Work hard and eventually you will benefit from it.

Semenjak harga getah melambung penoreh-penoreh getah telah **mendapat keuntungan**.
Rubber tappers have benefited ever since the price of rubber spiralled.

Banyakkah dia mendapat keuntungan dalam tahun ini?
Dia banyak mendapat keuntungan dalam tahun ini.

TANDA KEIKHLASAN – SIGN/INDICATION OF SINCERITY

Tanda keikhlasan *seseorang itu dapat dilihat dari perbuatannya.*
A person's sincerity is indicated in his behaviour.

Sebagai **tanda keikhlasan** *maka inilah kami berikan sedikit sumbangan.*
As a token of our sincerity, we make this small contribution.

Tanda keikhlasan *yang saya nilai bukan kebendaannya.*
What I value is his sincerity, not his material wealth.

Pertolongan yang diberi itu adalah **tanda keikhlasan** *dari saya.*
The help given is a token of my sincerity.

Dari air mukanya terbayang **tanda keikhlasan** *hatinya.*
His expression reflects his sincerity.

Walaupun kecil hadiahnya tetapi saya hargai **tanda keikhlasan** *terhadap kami.*
Although his gift is small, we nevertheless value it as a token of his sincerity towards us.

Adakah itu sebagai tanda keikhlasan saudara?
Ya, itu adalah sebagai tanda keikhlasan kami.

PENGLIBATAN PENUH — FULL/COMPLETE/TOTAL INVOLVEMENT • FULLY • COMPLETELY • TOTALLY INVOLVED

Penglibatan penuh *dari penduduk kampung itu sendiri memanglah diharap-harapkan.*
The total involvement of the kampung folks themselves is of course desired.

Penglibatan penuh *murid-murid dalam sesuatu gerakerja sangat digalakkan.*
Total or complete involvement of pupils in any activity should be encouraged.

Kejayaan pesta ini ialah hasil dari **penglibatan penuh** *yang diberi oleh semua orang.*
The success of the festival is the result of the total involvement shown by all.

Penyokong-penyokong pilihanraya telah memberi **penglibatan penuh** *mereka bagi menjamin kemenangan calon itu.*
That candidate's supporters involved themselves fully in the general elections to ensure success.

Tanpa **penglibatan penuh** *dari mereka, tentulah rancangan ini tidak berjaya.*
Without their complete involvement, the plan will certainly not succeed.

Bolehkah kita mendapat penglibatan penuh dari mereka?
Kita boleh mendapat penglibatan penuh dari mereka.

TINDAKAN TATATERTIB – DISCIPLINARY ACTION

Pengarah syarikat akan mengambil **tindakan tatatertib** *terhadap pekerja-pekerjanya yang engkar.*
The company director will take disciplinary action against relcalcitrant employees.

Ketua kami telah mengambil **tindakan tatatertib** *terhadap kerani yang melawannya tempoh hari.*
Our superior has taken disciplinary action against the clerk who opposed him recently.

Dengan adanya **tindakan tatatertib** *barulah kakitangan di pejabat ini dapat dikawal.*
Only with disciplinary action can the staff of this office be controlled.

Satu **tindakan tatatertib** *terhadap mereka yang curang patut dikenakan.*
Disciplinary action should be meted out to those who cheat.

Kakitangan yang melanggar peraturan boleh dikenakan **tindakan tatatertib**.
Staff who infringe regulations may face disciplinary action.

Sebelum saya mengambil **tindakan tatatertib** *perlulah saya berfikir dengan teliti.*
It is necessary that I think carefully before I take disciplinary action.

Bolehkah diambil tindakan tatatertib di atas kesalahan itu?
Kesalahan itu memang boleh diambil tindakan tatatertib.

DALAM PERHATIAN — UNDER CONSIDERATION/OBSERVATION • RECEIVING ATTENTION

Semua pengaduan tuan itu masih **dalam perhatian** *kami.*
All your complaints are still under our consideration.

Semua surat yang masih **dalam perhatian** *mestilah dijawab segera.*
All letters which are under consideration must be answered quickly.

Kami tidak tahu perkara ini **dalam perhatian** *siapa sebenarnya.*
We do not know under whose consideration this matter is.

Kerani Sementara itu sentiasa **dalam perhatian** *Kerani Besar pejabat ini.*
The Temporary Clerk is constantly under the observation of the Chief Clerk of this office.

Semenjak perkara itu diletakkan **dalam perhatian***nya barulah sempurna.*
The matter was resolved only after it was brought to his attention.

Tiap langkah dan gerak-geri orang itu sentiasa **dalam perhatian** *polis.*
Every step the man takes and every move he makes is under constant police observation.

Permohonan awak itu dalam perhatian siapa?
Permohonan saya itu dalam perhatian Ketua Jabatan.

UNTUK KEPENTINGAN – FOR THE SAKE OF
• IN THE INTEREST OF

Untuk kepentingan *negara dia sanggup mengorbankan jiwanya.*
He is willing to lay down his life in the interests of his country.

Untuk kepentingan *keluarga, saya sanggup berbuat apa saja.*
I am prepared to do anything for the sake of the family.

Dalam zaman moden ini ramai orang bekerja **untuk kepentingan** *sendiri.*
Nowadays many people work for their own interests.

Rakyat diminta janganlah bekerja **untuk kepentingan** *diri sendiri sahaja.*
The people are asked not to work for their own interests only.

Pekerja-pekerja kilang bekerja **untuk kepentingan** *majikan semata-mata.*
The factory workers work entirely for the interests of the employer.

Kerja yang dibuatnya itu bukan **untuk kepentingan** *dirinya.*
The work he is doing is not for his own interests.

Kerja yang awak buat itu untuk kepentingan siapa?
Kerja yang saya buat itu untuk kepentingan keluarga saya.

KATA SEPAKAT – AGREEMENT • AGREED • UNANIMITY • UNANIMOUS

Kata sepakat *telah diperolehi untuk melangsungkan perkahwinan itu.*
An agreement to go ahead with the wedding has been reached.

Kata sepakat *yang diperolehi itu memberi semangat untuk kami meneruskan rancangan itu.*
The agreement reached encouraged us to go on with the plan.

Kesatuan Sekerja itu telah memperolehi **kata sepakat** *tidak akan mogok.*
The workers' union has agreed not to go on strike.

Akhirnya kami mendapat **kata sepakat** *menghantar ibu kami ber-ubat di hospital.*
We finally agreed that Mother be sent to hospital for treatment.

Guru-guru sekolah itu telah mencapai **kata sepakat** *hendak meng-adakan Pesta Muzik.*
The teachers of the school are unanimous in that a music festival be held.

Rundingan para pegawai telah mencapai **kata sepakat** *mengenai perkara itu.*
The officers' conference has reached an agreement on the matter.

Sudahkah awak dapat kata sepakat dari mereka?
Mereka telah memberi kata sepakat kepada kami.

MEMBUAT KAJIAN – TO MAKE A STUDY OF
- TO STUDY
- TO INVESTIGATE

Kilang itu **membuat kajian** *tentang mutu barang-barang pengeluar-an mereka.*
The factory is to make a study of the quality of their products.

Setelah **membuat kajian** *itu kami diminta menulis laporan lengkap.*
Having made a study, we were asked to write a full report.

Jawatankuasa itu sedang **membuat kajian** *tentang perkara yang menjadi masalah.*
The committee is investigating the matter which is causing a problem.

Guru-guru sekolah **membuat kajian** *tentang keputusan peperiksaan SPM.*
The school teachers are doing a study of the SPM Examination results.

Dewan Bandaraya sedang **membuat kajian** *hendak mengatasi masalah rumah-rumah haram.*
The City Council is making a study with a view to overcoming the problem of illegal housing.

Biro Narkotik dengan kerjasama mahasiswa-mahasiswa USM sedang **membuat kajian** *mengenai penyalahgunaan dadah.*
The Narcotics Bureau with the cooperation of undergraduates from the University Science Malaysia is making a study of drug-abuse and addiction.

Siapakah yang ditugaskan membuat kajian itu?
Pelajar-pelajar tahun akhir ditugaskan membuat kajian itu.

TANPA KAJIAN – WITHOUT STUDY
• WITHOUT ANY INVESTIGATION

Laporan yang dibuat **tanpa kajian** *tentulah isinya tidak begitu sempurna.*
A report made without study will certainly be incomplete in its contents.

Hasil kerja yang dibuat **tanpa kajian** *sudah tentu tidak memuaskan.*
The result of work done without study will surely be unsatisfactory.

Saya terpaksa menulis laporan itu **tanpa kajian** *apa-apa kerana ketiadaan buku-buku rujukan.*
I am compelled to write a report without any prior study because there are no reference books available.

Perangkaan yang diberi **tanpa kajian** *dengan teliti itu telah mengelirukan Ketua Pengarah kami.*
The statistics given without prior careful study have confused our Director-General.

Pakar bahasa itu boleh memberi ceramahnya dengan lancar **tanpa kajian** *apa-apa.*
The language expert can deliver a talk eloquently without first making any study.

Saya tidak dapat menerimanya sebagai satu kenyataan kerana perkara itu dibuat **tanpa kajian**.
I cannot accept it for a fact because the matter was carried out without study.

Mengapa laporan itu dibuat tanpa kajian?
Laporan itu dibuat tanpa kajian kerana ketiadaan pakar.

MELAHIRKAN HASRATNYA — EXPRESS/REVEAL A DESIRE

Sofiah telah **melahirkan hasratnya** *hendak belajar ke luar negeri.*
Sofiah has revealed her desire to study overseas.

Suami saya telah **melahirkan hasratnya** *hendak bertukar kerja.*
My husband has expressed a desire to change his job.

Lim telah **melahirkan hasratnya** *hendak menghabiskan cuti di Pulau Pinang.*
Lim has revealed his desire to finish his leave in Penang.

Yusuf telah **melahirkan hasratnya** *kepada isterinya untuk mendapatkan seorang anak laki-laki.*
Yusuf has revealed to his wife his desire to have a son.

Amerika telah **melahirkan hasrat** *hendak meneruskan bantuannya kepada negara-negara sedang membangun.*
America has expressed a desire to continue to aid the developing countries.

Perdana Menteri telah **melahirkan hasrat** *Malaysia ingin berbaik-baik dengan negara-negara jiran.*
The Prime Minister has expressed Malaysia's desire to be friendly with the neighbouring countries.

Linda melahirkan hasratnya untuk apa?
Linda melahirkan hasratnya untuk berumahtangga.

YANG TERLIBAT – WHO/WHICH IS INVOLVED

Kenderaan **yang terlibat** *dalam perlanggaran itu telah ditarik ke balai polis.*
The vehicle which was involved in the collision has been towed to the police station.

Sebuah bas **yang terlibat** *dalam kemalangan jalan raya itu telah terbakar.*
A bus that was involved in the road accident caught fire.

Pemuda **yang terlibat** *dalam rompakan bank itu telah ditangkap.*
The youth who was involved in the bank robbery has been caught.

Pegawai **yang terlibat** *dalam tuduhan rasuah itu akan dibicarakan.*
The officer who is involved in a case of alleged bribery will be tried.

Mereka **yang terlibat** *dalam rampasan kuasa itu akan dihukum.*
Those involved in the seizure of power will be sentenced.

Anggota tentera **yang terlibat** *dalam serangan itu telah diberi bantuan.*
The troopers who were involved in the attack were given aid.

Bolehkah mereka yang terlibat dalam upacara itu diberi cuti?
Ya, mereka yang terlibat dalam upacara itu boleh diberi cuti.

MEMENTINGKAN DIRI SENDIRI – TO BE SELFISH • TO ATTACH EXCESSIVE IMPORTANCE TO ONESELF

Orang yang **mementingkan diri sendiri** *sukar mendapat kawan yang karib.*
People who are selfish often find it difficult to get close friends.

Wakil Rakyat berkhidmat kepada rakyat tanpa **mementingkan diri sendiri**.
The people's representative serves the people without selfishness.

Jika kita menjadi ketua, jauhilah dari perangai **mementingkan diri sendiri**.
When we become officers in charge, let us not attach excessive importance to ourselves.

Dalam serba-serbi pekerjaannya dia selalu **mementingkan dirinya** *sahaja.*
He attaches excessive importance to himself while doing any kind of job.

Susah hendak mendapat orang yang betul-betul tidak **mementingkan diri sendiri** *dalam pekerjaannya.*
It is difficult to find people who do not attach excessive importance to themselves while doing their jobs.

Adakah orang yang bekerja tanpa mementingkan diri sendiri?
Sedikit sangat orang yang bekerja tanpa mementingkan diri sendiri.

AKAN DIUSAHAKAN – WILL BE UTILISED
• TO BE CARRIED OUT

Pinjaman dari bank itu **akan diusahakan** *seboleh-bolehnya dalam minggu ini juga.*
The bank loan will be utilised in the best possible manner this week.

Rancangan tanah yang diluluskan itu **akan diusahakan** *oleh belia peladang.*
The land project which has been approved will be carried out by young planters.

Perusahaan balak itu **akan diusahakan** *oleh syarikat tempatan.*
The logging operation will be carried out by a local company.

Segala rancangan **akan diusahakan** *oleh sebuah badan bukan kerajaan.*
All the programmes will be carried out by a non-government body.

Walaupun ada rintangan namun projek itu **akan diusahakan** *juga.*
Despite the obstruction, the project will still be carried out.

Penggunaan jentera-jentera moden **akan diusahakan** *oleh kaum petani di negara ini.*
Modern machinery will be utilised by farmers in this country.

Adakah tanah itu akan diusahakan oleh mereka?
Tanah itu akan diusahakan oleh mereka.

NIAT JAHAT – EVIL INTENTIONS

Niat jahat *musuh-musuh negara sudah tidak dapat disembunyikan lagi.*
The evil intentions of the country's enemies cannot be concealed anymore.

Niat jahat *gerakan bawah tanah itu telah diketahui oleh pasukan polis.*
The evil intentions of the underground operation are already known to the police force.

Untuk mencegah **niat jahat***nya orang ramai janganlah memberi sokongan kepadanya.*
To prevent his evil intentions from materializing, the public should not give him support.

Agen-agen komunis mempunyai **niat jahat** *hendak menghancurkan negara kita.*
Communists agents have the evil intention of destroying our country.

Di sebalik perjuangan itu mereka mempunyai **niat jahat** *terhadap negara ini.*
Despite their fighting in the war, they have evil intentions against this country.

Kalau tidak kerana **niat jahat***nya peristiwa itu tidak akan berlaku.*
But for his evil intentions, the incident would not have occurred.

Mengapa mereka berniat jahat terhadap awak?
Saya pun tidak tahu mengapa mereka berniat jahat terhadap saya.

MENJADI HASRAT – TO BECOME A LONGING
• KEEN/STRONG DESIRE
• INTEREST

Berniaga telah **menjadi hasrat** *saya sejak saya berkelulusan dalam bidang itu.*
Commerce has become my keen interest ever since I qualified in that field.

Menunaikan fardu haji ke Mekah telah **menjadi hasrat** *setiap umat Islam.*
To make a pilgrimage to Mecca has become the desire of every follower of Islam.

Adalah **menjadi hasrat** *kerajaan hendak menyatukan sekolah-sekolah di negara ini.*
It is the government's desire to unify the schools in the country.

Mengekalkan keamanan di negara ini adalah **menjadi hasrat** *kerajaan.*
To preserve peace in this country is the government desire.

Adalah **menjadi hasrat** *kami menyokong parti yang memerintah.*
It is our desire to support the party in power.

Mencari kebahagian dalam hidup memang **menjadi hasrat** *setiap insan.*
To look for happiness in life is of course the desire of every human being.

Apakah yang menjadi hasrat awak selama ini?
Hidup bahagia menjadi hasrat saya selama ini.

MENJADI MANGSA – TO BECOME A VICTIM

Tiap-tiap tahun penduduk di Pantai Timur **menjadi mangsa** *air bah.*
Every year, people in the East Coast become victims of flooding.

Orang yang tidak biasa ke hutan ditakuti **menjadi mangsa** *binatang buas.*
It is feared that people who are not used to going into the jungle will fall victim to ferocious animals.

Sungguhpun kancil itu kecil tetapi ia tidak pernah **menjadi mangsa** *sang harimau.*
Although Kancil the mousedeer is small, he has never become a victim of *sang harimau.*

Mengikut keadaan alam, biasanya si bodoh **menjadi mangsa** *si cerdik.*
According to nature, the dull-witted usually fall victim to the cunning.

Orang-orang lemah biasanya **menjadi mangsa** *orang yang lebih kuat.*
The weak usually fall victim to those who are stronger.

Rakyat desa wajib diberi penerangan yang cukup supaya mereka tidak **menjadi mangsa** *keganasan komunis.*
The rural people should be given sufficient information so as not to fall victim to communist terrorism.

Adakah bantuan diberi kepada orang yang menjadi mangsa kecelakaan itu?
Orang yang menjadi mangsa kecelakaan itu diberi bantuan.

DARI BEBERAPA SEGI – FROM VARIOUS ANGLES
- FROM VARIOUS ASPECTS
- IN VARIOUS WAYS

Mereka telah merancangkan projek itu **dari beberapa segi** *supaya ia berjaya.*
They planned the project from various angles so that it would be successful.

Kerajaan telah mencuba **dari beberapa segi** *untuk membanyakkan hasil makanan.*
The government tried in various ways to increase food production.

Para peserta telah memberi pendapat mereka **dari beberapa segi** *mengenai kebudayaan nasional.*
The participants gave their opinions regarding national culture in various aspects.

Saya telah berfikir **dari beberapa segi** *sebelum tindakan itu diambil.*
I looked at it from various angles before taking action.

Ahmad telah membuat kajian **dari beberapa segi** *sebelum melaksanakan projek itu.*
Ahmad made a study from various angles before implementing that project.

Memandang **dari beberapa segi,** *negara kita mempunyai ekonomi yang stabil.*
In various aspects, our country has a stable economy.

Adakah rancangan itu telah difikirkan dari beberapa segi?
Ya, rancangan itu telah difikirkan dari beberapa segi.

AIR MUKA – EXPRESSION • MIEN

Dengan **air muka** *yang berseri-seri dia mengucapkan selamat tinggal kepada kami.*
With a joyous mien he bade us farewell.

Jika dipandang dari **air muka***nya, dia adalah seorang yang cerdik.*
Judging from his expression, he is a cunning person.

Air muka *wanita itu sentiasa jernih walaupun hatinya susah.*
That woman's expression is always cheerful although she is sad within.

Dalam perjumpaan itu kelihatan **air muka** *pegawai itu serius sekali.*
During the meeting that officer's expression was one of seriousness.

Air muka*nya bertukar menjadi muram apabila ia mendengar berita itu.*
His expression changed to sadness when he heard that news.

Air muka *Pengurus kami sungguh merunsingkan kami semua pagi ini.*
Our Manager's expression really worried us all this morning.

Mengapa air mukanya masam sahaja pagi ini?
Air mukanya masam kerana hatinya susah.

DI HADAPAN RUMAH – IN FRONT OF THE HOUSE

Dia meletak keretanya **di hadapan rumah** *saya.*
He parked his car in front of my house.

Orang itu berdiri **di hadapan rumah** *saya.*
The man stood in front of my house.

Budak itu bermain **di hadapan rumah** *Krishnan.*
That boy is playing in front of Krishnan's house.

Tiap-tiap petang mereka berbual-bual **di hadapan rumah** *itu.*
Every evening they talk in front of that house.

Di hadapan rumah *Kim Tai ada taman bunga.*
In front of Kim Tai's house there is a flower garden.

Jalan **di hadapan rumah** *saya sangat sibuk.*
The road in front of my house is very busy.

Kereta siapakah di hadapan rumah awak?
Kereta Junid di hadapan rumah saya.

DI HADAPAN PASAR – IN FRONT OF THE MARKET

Banyak lori berhenti **di hadapan pasar**.
Many lorries stop in front of the market.

Budak itu terjatuh di dalam parit **di hadapan pasar**.
That boy fell into the drain in front of the market.

Di hadapan pasar *itu ada banyak gerai makanan.*
In front of that market there are many food stalls.

Kedai **di hadapan pasar** *itu habis terbakar.*
The shop in front of that market was burnt down.

Jalan **di hadapan pasar** *itu telah dibersihkan.*
The road in front of that market has been cleared.

Sampah-sarap **di hadapan pasar** *itu telah dibakar.*
The rubbish in front of that market has been burnt.

Siapa berdiri di hadapan pasar itu?
Gopal berdiri di hadapan pasar itu.

BERAZAM MENJAYAKAN – DETERMINED TO SUCCEED
• DETERMINED TO MAKE A SUCCESS

Lembaga Kemajuan Peladang **berazam menjayakan** *Rancangan Buku Hijau.*
The Farmers Development Board is determined to make the Green Book Programme a success.

Anak saya **berazam menjayakan** *cita-citanya hendak belajar ke luar negeri.*
My child is determined to succeed in his ambition to study abroad.

Maju Ternak **berazam menjayakan** *perusahaan ternakan di negara ini.*
Maju Ternak is determined to make a success of the livestock industry in this country.

Firma itu **berazam menjayakan** *pengeluarannya yang terbanyak sekali dalam bulan ini.*
That firm is determined to succeed in producing its largest export this month.

Malaysia **berazam menjayakan** *kempen penyalahgunaan dadah di kalangan belia-belia.*
Malaysia is determined to make the campaign against drug abuse a success among youths.

Dr. Kissinger **berazam menjayakan** *usaha damainya di Asia Barat.*
Dr. Kissinger is determined to succeed in his peace efforts in West Asia.

Betulkah awak berazam menjayakan tugas itu?
Ya, saya berazam menjayakan tugas itu.

AKAN BERLAKU – WILL HAPPEN • TAKE PLACE

Kemalangan **akan berlaku** *jika pemandu cuai memandu.*
Accidents will take place if the driver drives negligently.

Suatu perubahan besar tetap **akan berlaku** *dalam masa yang tidak lama lagi.*
Some change will definitely take place soon.

Biasanya kejadian tanah runtuh **akan berlaku** *selepas hujan lebat.*
Normally, incidents of landslide take place after a heavy rain.

Satu rombakan Jawatankuasa **akan berlaku** *sebaik-baik sahaja saya meletakkan jawatan.*
Breaking up of the committee will take place as soon as I resign.

Perubahan yang lebih baik **akan berlaku** *di bidang pentadbiran syarikat itu.*
A change for the better is going to take place in the management of that company.

Memandang kepada hujan yang turun tidak berhenti-henti, banjir besar **akan berlaku**.
In view of the continous rain, serious flooding will take place.

Apakah yang akan berlaku selepas ini?
Kami tidak tahu apa yang akan berlaku selepas ini.

ADA KEMAMPUAN – TO HAVE THE MEANS/-RESOURCES

Orang yang **ada kemampuan** *bolehlah mengadakan kenduri secara besar-besaran.*
People who have the means can throw grand feasts.

Kerajaan **ada kemampuan** *menghapuskan anasir-anasir komunis di negara ini.*
The government has the resources to eradicate the communist elements in the country.

Sungguhpun dia miskin tetapi dia **ada kemampuan** *menghantar anaknya belajar ke yayasan pelajaran tinggi.*
Although he is poor, he has the means of sending his son to study in an institution of higher learning.

Saya tidak **ada kemampuan** *hendak menggaji awak dengan bayaran yang tinggi.*
I have not the means to pay you a high salary.

Bukan semua orang berpendapatan rendah tidak **ada kemampuan** *memiliki kereta.*
It is not true to say that all persons with low incomes do not have the means to own cars.

Kerajaan memberi bantuan kepada murid-murid yang tidak **ada kemampuan** *membeli buku-buku teks.*
The government gives aid to pupils who do not have the means to buy textbooks.

Betulkah dia ada kemampuan menyara anak-anak yatim itu?
Ya, dia memang ada kemampuan menyara anak-anak yatim itu.

AKAN TERLIBAT – WILL BE INVOLVED

Seramai empat orang **akan terlibat** *dalam perbicaraan kes pembunuhan itu.*
Four persons will be involved in the murder case.

Saya takut awak **akan terlibat** *dalam gerakan haram itu, jika awak tidak berhati-hati.*
I am afraid you will get involved in the unlawful movement if you are not careful.

Ramai orang dikatakan **akan terlibat** *dalam pementasan itu.*
Many people are said to be involved in the stage performance.

Jika anak awak ada sama dalam rompakan itu tentulah dia **akan terlibat**.
If your son was present during the robbery, it is certain he will be involved.

Sebilangan besar penduduk di situ **akan terlibat** *jika rancangan lebuhraya itu dilancarkan.*
Many residents there will be involved if the road project is launched.

Kalau perbuatan itu tidak dicegah tentu ramai lagi yang **akan terlibat**.
If that act is not prevented, it is certain that many more people will be involved.

Adakah dia juga akan terlibat dalam tuduhan itu?
Ya, dia juga akan terlibat dalam tuduhan itu.

KAJIAN MENDALAM – AN IN-DEPTH/CLOSE STUDY
• THOROUGH STUDY

Eloklah diadakan **kajian mendalam** *terlebih dahulu berkenaan dengan pengaduan itu.*
It is better to make a thorough study of the complaint first.

Lembaga Perancangan Keluarga Kebangsaan sedang membuat **kajian mendalam** *berkenaan dengan projek lembaga itu.*
The National Family Planning Board is conducting an in-depth study of its project.

Kementerian Pelajaran sedang membuat **kajian mendalam** *bagi menyatukan sekolah-sekolah yang kurang murid-muridnya.*
The Ministry of Education is making a thorough study of the possibility of merging schools with poor enrolments.

Satu **kajian mendalam** *patut diadakan bagi menyemak semula kejayaan rancangan itu.*
A thorough study ought to be made to review the success of the plan.

Laporan itu ditulis berdasarkan **kajian mendalam** *Suruhanjaya Penyiasat.*
The report is written on the basis of the close study made by the Commission of Investigation.

Kepada siapakah ditugaskan membuat kajian mendalam mengenai perkara itu?
Satu Jawatankuasa Khas ditugaskan membuat kajian mendalam mengenai perkara itu.

MEMBUAT PERMOHONAN – TO APPLY

Saya telah **membuat permohonan** *meminjam wang dari Syarikat Kerjasama.*
I have applied for a loan to the cooperation society.

Orang ramai adalah dipelawa **membuat permohonan** *jika mereka hendak menyertai rancangan FELDA.*
The public is invited to submit applications if they wish to join the FELDA scheme.

Oleh sebab awak tidak **membuat permohonan** *tinggal di asrama, tempat awak tidak disediakan.*
As you have not applied to stay at the hostel, no place has been provided for you.

Saya boleh menyambung cuti saya tanpa **membuat permohonan** *baru.*
I can extend my leave without having to make out a new application.

Belia yang hendak menjadi anggota pasukan bersenjata bolehlah **membuat permohonan** *sekarang.*
Youths who wish to enlist in the armed forces can apply now.

Untuk mendapat rumah di rancangan itu Shamsir diminta **membuat permohonan** *dengan segera.*
Shamsir has been asked to apply at once in order to get a house in the scheme.

Siapa yang menyuruh awak membuat permohonan itu?
Ketua Pejabat yang menyuruh saya membuat permohonan itu.

MENGKAJI MASALAH – TO STUDY THE PROBLEM

Pegawai yang ditugaskan **mengkaji masalah** *itu akan datang esok.*
The officer who has been assigned to study the problem will arrive tomorrow.

Dewan Bandaraya telah **mengkaji masalah** *setinggan-setinggan di Kuala Lumpur.*
The City Council has studied the problem of squatters in Kuala Lumpur.

Satu jawatankuasa telah ditubuhkan untuk **mengkaji masalah** *yang berbangkit itu.*
A committee has been set up to study the problem that has arisen.

Tanpa **mengkaji masalah** *mereka perkara itu tidak dapat diatasi.*
Without studying their problem, the matter cannot be solved.

Jabatannya diminta **mengkaji masalah** *penveludupan beras ke negeri ini.*
His department has been asked to study the problem of rice smuggling in this country.

Keretapi Tanah Melayu telah **mengkaji masalah** *memperbaiki perkhidmatan mereka.*
The Malayan Railway has studied the problem of improving its service.

Siapakah yang akan mengkaji masalah itu?
Seorang guru akan mengkaji masalah itu.

HABIS DIBACA – HAS BEEN READ
• FINISH READING

Surat itu belum **habis dibaca**.
That letter has not been read completely.

Banyak lagi surat-surat yang belum **habis dibaca**.
There are still many letters which have not been read.

Bilakah buku itu boleh **habis dibaca?**
When will you finish reading that book?

Dalam sehari sahaja laporan itu **habis dibaca**.
The report has been completely read in just one day.

Suratkhabar yang di atas meja itu baru saja **habis dibaca**.
The newspaper on the table has just been read.

Buku-buku yang **habis dibaca** *hendaklah dipulangkan segera.*
The books that have already been read must be returned immediately.

Buku itu sudahkah habis dibaca?
Buku itu belum habis dibaca.

KEPENTINGAN DIRI SENDIRI – SELF INTEREST

Kepentingan diri sendiri *tidak dapat dielakkan dalam kehidupan manusia.*
Self interest cannot be avoided in everyday life.

Dalam masyarakat mana pun **kepentingan diri sendiri** *memang ada.*
In any society there is bound to be self interest.

Letakkanlah kepentingan masyarakat lebih daripada **kepentingan diri sendiri**.
Place the interest of society above self interest.

Tidak ada **kepentingan diri sendiri** *dalam gerakan memusnahkan anasir komunis.*
There is no place for self interest in the operation to wipe out communist elements.

Demi menjaga **kepentingan diri sendiri** *pemuda itu telah membuat laporan palsu.*
For the sake of self interest, the young man made some false reports.

Dalam perkara ini faktor **kepentingan diri sendiri** *mestilah diketepi-kan dulu.*
In this matter, the self-interest factor must be cast aside.

Adakah cadangan itu untuk kepentingan dirinya sendiri?
Ya, cadangan itu nampak benar untuk kepentingan dirinya sendiri.

MENYANJUNG TINGGI – TO HAVE HIGH PRAISE • GREAT REGARD • GREAT APPRECIATION • TO HOLD SOMETHING IN GREAT ESTEEM

Masyarakat dan negara **menyanjung tinggi** *jasa perajurit-perajurit yang telah gugur.*
Society and the nation have very high regard for the fallen warriors' loyal services.

Orang ramai akan **menyanjung tinggi** *pemimpin yang jujur dan amanah.*
The public will greatly appreciate a leader who is honest and trustworthy.

Penduduk kampung itu **menyanjung tinggi** *pimpinan yang diberi oleh Penghulu itu.*
The kampung folks have a high regard for the Penghulu for his guidance.

Kami **menyanjung tinggi** *buah fikiran yang tuan berikan itu.*
We appreciate the ideas you have given us.

Anak-anak patutlah **menyanjung tinggi** *jasa ibu bapa yang mendidik mereka.*
Children should appreciate the worth of parents who educate them.

Adakah orang yang akan menyanjung tinggi usaha seumpama itu?
Saya rasa tidak ada orang yang akan menyanjung tinggi usaha seumpama itu.

BERSIKAP JUJUR – TO HAVE A SINCERE ATTITUDE

Walaupun saya **bersikap jujur** *kepadanya, dia masih mencurigai saya.*
Although I have a sincere attitude towards him, he still distrusts me.

Orang yang **bersikap jujur** *memanglah sentiasa disukai.*
People who have a sincere attitude are naturally always liked.

Orang yang **bersikap jujur** *dalam pekerjaan selalu mendapat perhatian ketua.*
Persons who have a sincere attitude in their work always get their head of department's attention.

Hidup harmoni dalam satu keluarga ada kaitannya dengan **bersikap jujur**.
A harmonious family life is associated with having a sincere attitude.

Kedaulatan negara akan terancam jika para pemimpinnya tidak **bersikap jujur**.
The sovereignty of a country will be threatened if its leaders are not sincere in their attitude.

Bersikap jujur *merupakan satu amalan yang baik dalam semua pengajaran agama.*
To have a sincere attitude is a good practice in all religious instructions.

Adakah orang itu seorang yang bersikap jujur?
Dia memanglah seorang yang bersikap jujur.

MENANGGUNG PEN-DERITAAN	– TO ENDURE SUFFERING/-HARDSHIP

Dia telah **menanggung penderitaan** *kerana lewat menjalani pembedahan.*
He endured suffering because he underwent surgery late.

Halijah meninggalkan rumahnya kerana tidak tahan **menanggung penderitaan**.
Halijah left her home because she could not endure the hardship.

Setelah **menanggung penderitaan** *yang teruk, barulah mereka berjaya menyelesaikan masalah itu.*
After having endured severe hardship, they began to solve the problem successfully.

Akibat kemalangan motosikal dia telah **menanggung penderitaan** *yang teruk.*
As a result of a motor-cycle accident, he has endured intense suffering.

Tidak ada siapa yang sanggup **menanggung penderitaan** *yang bertimpa-timpa itu.*
Nobody is capable of enduring such unending hardship.

Akibat perbuatannya sendiri dia **menanggung penderitaan** *seumur hidup.*
As a result of his own doing, he is enduring hardship all his life.

Semenjak bila dia menanggung penderitaan seperti itu?
Dia menanggung penderitaan seperti itu sejak ayahnya meninggal dunia.

SEKELIP MATA – IN A WINK OF AN EYE • IN A SHORT PERIOD • INSTANTLY • IN A SHORT WHILE

Lukisan itu dibuatnya dengan **sekelip mata** *sahaja.*
The drawing was done within a short period.

Persediaan itu telah disiapkan oleh wanita-wanita itu dalam **sekelip mata** *sahaja.*
The preparation was done by the womenfolk in a wink of an eye.

Saya berasa hairan kerana dengan **sekelip mata** *sahaja dia telah berubah sikap.*
I was surprised at his change of attitude in such a short period.

Penerbangan dari Kuala Lumpur ke Pulau Pinang dengan **sekelip mata** *sahaja telah sampai.*
The flight from Kuala Lumpur to Penang seemed so short.

Setelah disuntik dalam **sekelip mata** *sahaja sakit itu pun hilang.*
His sickness disappeared a short while after he was given the injection.

Jika kita lalai dalam **sekelip mata** *sahaja kemalangan di jalan raya boleh berlaku.*
If we are careless on the roads, accidents can occur almost in a wink of an eye.

Betulkah dia menyudahkan kerja itu dalam sekelip mata sahaja?
Ya, dia menyudahkan kerja itu dalam sekelip mata sahaja.

MATA PENCARIAN – SOURCE OF INCOME • MEANS OF LIVING • JOB

Bapa saya tidak ada **mata pencarian** *yang tetap.*
My father has no fixed job.

Orang yang tidak ada **mata pencarian** *hidupnya susah.*
People who do not have jobs will lead harder lives.

Oleh sebab dia tidak ada **mata pencarian** *hidupnya bergantung kepada isterinya.*
Because he is jobless he has to depend on his wife.

Mata pencarian *orang kampung ini kebanyakannya menoreh getah.*
The villagers' source of income is derived from rubber tapping.

Semenjak rumah-rumah itu dirobohkan **mata pencarian** *Pak Dolah pun tertutup.*
Since the houses have been demolished, Pak Dolah has lost his source of income.

Kasim menjual air batu sebagai **mata pencarian***nya.*
Kasim sells ice water for a living.

Apakah mata pencarian bapa awak?
Mata pencarian bapa saya bersawah padi.

UNTUK MENYATUPADUKAN – TO UNITE

Untuk menyatupadukan *kekuatan menentang musuh, rakyat mestilah berdisiplin.*
To unite against the enemy, the people must be disciplined.

Untuk menyatupadukan *rakyat yang berbilang bangsa, adalah suatu tugas yang berat.*
To unite the people of different races is a difficult task.

Usaha **untuk menyatupadukan** *tenaga bagi menjayakan rancangan itu memang digalakkan.*
Efforts to unite for the success of that programme must be encouraged.

Berbagai-bagai rancangan diadakan **untuk menyatupadukan** *penduduk-penduduk asli pulau itu.*
Various plans are being carried out to unite the indigenous people of the island.

Percubaan kami itu ialah **untuk menyatupadukan** *penduduk di tempat itu.*
Our attempt is to unite the inhabitants of that place.

Guru Besar telah berikhtiar **untuk menyatupadukan** *guru-guru di sekolah itu.*
The headmaster made an effort to unite the teachers of the school.

Bagaimana caranya untuk menyatupadukan mereka?
Untuk menyatupadukan mereka kita mestilah tegas.

MENINGGIKAN MUTU PELAJARAN – TO RAISE THE STANDARD OF EDUCATION

Cadangan hendak **meninggikan mutu pelajaran** *penduduk-penduduk desa diterima dengan baik.*
The proposal to raise the standard of education for the rural folk was well received.

Televisyen Pendidikan boleh membantu guru-guru **meninggikan mutu pelajaran** *murid-muridnya.*
"Educational Television" can help the teachers to raise the standard of education of their pupils.

Galakan yang diberikan oleh kerajaan boleh **meninggikan mutu pelajaran** *dalam negara kita.*
The support given by the government can raise the standard of education in our country.

Yayasan itu mengambil segala langkah untuk **meninggikan mutu pelajaran** *dalam negara kita.*
The foundation takes all steps to raise the standard of education in our country.

Allahyarham Aminuddin Baki berusaha benar untuk **meninggikan mutu pelajaran**.
The late Aminuddin Baki really tried to raise the standard of education.

Negara kita perlu meninggikan mutu pelajaran.
Negeri Jepun selalu berusaha meninggikan mutu pelajaran.

PERSAHABATAN MESRA – CORDIAL FRIENDSHIP/-RELATIONSHIP

Kita menggalakkan **persahabatan mesra** *di antara kaum di negara ini.*
We encourage cordial friendship among the races in this country.

Persahabatan mesra *merupakan asas perpaduan yang baik.*
Cordial friendship is a good foundation for unity.

Persahabatan mesra *di antara guru-guru di sekolah boleh melahirkan suasana kerjasama yang erat.*
Cordial friendship among teachers in a school can create an atmosphere of close cooperation.

Persahabatan mesra *yang sedia ada di antara jiran tetangga, hendaklah dipupuk.*
The cordial relationship existing among neighbours should be fostered.

Saya sungguh berbesar hati melihatkan **persahabatan mesra** *di antara pekerja-pekerja di kilang itu.*
I am very pleased to see the cordial friendship among the employees of the factory.

Majikan dan kakitangan hendaklah ada persefahaman dan **persahabatan mesra** *yang kukuh.*
Employers and their staff should have mutual understanding and a firm, cordial relationship.

Adakah apa-apa tanda persahabatan mesra mereka itu?
Tidak ada apa-apa tanda persahabatan mesra mereka itu.

BERLEPAS DENGAN – LEAVE/DEPARTED BY

Ahli-ahli pasukan hoki Malaysia akan **berlepas dengan** *kapal terbang malam esok.*
Members of the Malaysian hockey team will leave by plane tomorrow night.

Pasukan pengakap itu telah **berlepas dengan** *bas ke tempat perkhemahan mereka.*
The scout group departed by bus for their camping site.

Mereka **berlepas dengan** *skuter pagi-pagi lagi ke tempat berkelah itu.*
They left by scooter early in the morning for the picnic grounds.

Seorang pun tidak tahu yang ia telah **berlepas dengan** *kereta ke Singapura.*
Nobody knew he had departed by car to Singapore.

Jemaah Haji yang **berlepas dengan** *kapal itu telah sampai di Jeddah.*
The pilgrims who departed by that ship have arrived at Jeddah.

Pemuda-pemuda itu telah **berlepas dengan** *motosikal ke tempat kemalangan itu.*
Those youngsters left by motorcycles for the scene of the accident.

Mereka yang berlepas dengan bas itu sudahkah sampai?
Mereka yang berlepas dengan bas itu belum sampai lagi.

BERHAMPIRAN DENGAN – VERY NEAR • CLOSE TO

Ada sebuah rumah kosong **berhampiran dengan** *kilang itu.*
There is a vacant house close to the factory.

Saya letakkan kereta saya **berhampiran dengan** *kedai kopi itu.*
I parked my car very near to that coffee shop.

Pondok-pondok yang **berhampiran dengan** *lombong itu telah dirobohkan.*
The huts close to that mine were demolished.

Sederet kedai yang **berhampiran dengan** *pejabat kastam itu telah terbakar semuanya.*
A row of shops close to the customs office was burnt completely.

Pasu bunga yang **berhampiran dengan** *pintu besar itu telah pecah.*
The flower pot that was very close to the main door was broken.

Dahulu kami tinggal **berhampiran dengan** *sebuah kampung nelayan.*
Formerly we lived very near a fishing village.

Meja tulis awak berhampiran dengan meja siapa?
Meja tulis saya berhampiran dengan meja Kerani Besar.

PENGHUJUNG BULAN – END OF THE MONTH

Pada **penghujung bulan** *hadapan, mungkin saya akan pergi ke Pulau Langkawi.*
At the end of next month, I will probably go to Pulau Langkawi.

Nampaknya pada **penghujung bulan** *ini hujan turun hampir tiap-tiap hari.*
It looks like it will rain everyday toward the end of this month.

Akaun syarikat itu ditutup pada **penghujung bulan** *Jun tiap-tiap tahun.*
The company's account closes at the end of the month June every year.

Dia tidak akan datang meminta hutangnya pada **penghujung bulan** *ini.*
He will not come to collect his debts at the end of this month.

Hari perkahwinan saya telah ditetapkan pada hari Ahad **penghujung bulan** *hadapan.*
My wedding day has been fixed for Sunday, at the end of next month.

Mesyuarat itu biasanya diadakan pada tiap-tiap **penghujung bulan**.
The meeting is usually held at the end of each month.

Pada penghujung bulan ini awak hendak ke mana?
Pada penghujung bulan ini saya tidak ke mana-mana.

MENYATAKAN KESEDIHAN ATAS – TO EXPRESS SORROW/CONDOLENCES/DISAPPOINTMENT

Pegawai itu **menyatakan kesedihan atas** *kegagalan projek itu.*
The officer expressed his disappointment at the failure of the project.

Penghulu kampung itu **menyatakan kesedihan atas** *malapetaka itu.*
The village headman expressed sorrow at the disaster.

Ramai orang **menyatakan kesedihan atas** *kematian pemimpin besar yang berpengalaman itu.*
Many people expressed their sorrow at the demise of the great and experienced leader.

Pemimpin-pemimpin dunia **menyatakan kesedihan atas** *kehilangan pemimpin besar kita Allahyarham Tun Abdul Razak.*
World leaders expressed sorrow on the loss of our great leader the late Tun Abdul Razak.

Ramai orang **menyatakan kesedihan atas** *kematian Tun Sambanthan.*
Many people expressed sorrow on the death of Tun Sambanthan.

Mereka **menyatakan kesedihan atas** *kekalahan pasukan itu.*
They expressed disappointment over the loss of that team.

Ramai orang menyatakan kesedihan atas kehilangan pemimpin besar itu.
Dunia menyatakan kesedihan atas kemangkatan Pope John XXIII.

ADALAH TEMAN RAPAT – IS A CLOSE FRIEND/ASSOCIATE/PARTNER

Kita perlu menolong mereka sebab mereka **adalah teman rapat** *kita.*
We should help them because they are our close friends.

Mereka diberi keutamaan, sebab mereka **adalah teman rapat** *kita.*
They are given priority because they are our close friends.

Saya suka menegaskan mereka **adalah teman rapat** *kita.*
I wish to stress that they are our close associates.

Memang benar mereka **adalah teman rapat** *kita.*
It is certainly true that they are our close friends.

Kita memberikan nasihat sebab mereka **adalah teman rapat** *kita.*
We give the advice because they are our close associates.

Kita perlu bekerjasama dengan mereka sebab mereka **adalah teman rapat** *kita.*
We should cooperate with them because they are our close partners.

Malaysia adalah teman rapat Indonesia.
Saya sedar Dr. Ariel Lacson dan Encik Joseph Rajah adalah teman rapat.

DALAM SATU PERUTUSAN – IN A MESSAGE

Dalam satu perutusan *Timbalan Presiden itu menasihat rakyat berkabung selama enam belas hari.*
In a message the Deputy President advised the people to mourn for sixteen days.

Dalam satu perutusan *Menteri Pelajaran menasihat pelajar-pelajar Malaysia menguasai Bahasa Malaysia.*
In a message the Minister of Education advised Malaysian students to master Bahasa Malaysia.

Dalam satu perutusan *khas kerajaan Malaysia menegaskan Deepavali akan dirayakan pada 20 haribulan Oktober.*
In a special message the Malaysian Government stressed that Deepavali will be celebrated on 20 October.

Dalam satu perutusan *kerajaan Negeri Pulau Pinang menegaskan Pesta Pulau Pinang akan dirayakan secara besar-besaran.*
In a message the State Government of Pulau Pinang said that Pesta Pulau Pinang will be celebrated on a grand scale.

Dalam satu perutusan *Perdana Menteri mengingatkan sasterawan menghasilkan karya-karya novel.*
In a message the Prime Minister reminded writers to produce novels.

Dalam satu perutusan khas, pemimpin itu mendesak rakyat memahami Dasar Ekonomi Baru.
Dalam satu perutusan khas, Perdana Menteri menggesa rakyat berjimat cermat.

SANGAT MENGHARUKAN – VERY DISTURBING
• SADDENING
• DISTRESSING

Nahas udara yang dahsyat itu **sangat mengharukan**.
The air disaster is very saddening.

Kemalangan jalan raya di Seremban itu **sangat mengharukan**.
The road accident in Seremban is very saddening.

Pembunuhan dahsyat di Petaling Jaya itu **sangat mengharukan**.
The brutal murder in Petaling Jaya is very disturbing.

Pertempuran ngeri di Buntung itu **sangat mengharukan**.
The awful clash in Buntung is very disturbing.

Peristiwa yang malang itu **sangat mengharukan**.
The unfortunate incident is very disturbing.

Pertempuran yang tidak disangka-sangka itu **sangat mengharukan** *kami.*
The unexpected clash is very disturbing.

Peristiwa dahsyat yang tidak diingini itu sangat mengharukan.
Kejadian ngeri itu sangat mengharukan kita.

PEMIKIRAN DAN PERLAKUAN – THOUGHTS AND ACTIONS

Saya menghargai benar **pemikiran dan perlakuan** *orang itu.*
I really appreciate the thought and actions of that man.

Saya tidak puas hati dengan **pemikiran dan perlakuan** *orang itu.*
I am not satisfied with the thoughts and actions of that man.

Nampaknya **pemikiran dan perlakuan** *orang itu ganjil.*
It appears that the thoughts and actions of that man are strange.

Pemikiran dan perlakuan *orang itu menunjukkan kematangan pengalamannya.*
The thoughts and actions of the man show the maturity of his experience.

Saya berasa hairan dengan **pemikiran dan perlakuan** *orang tua itu.*
I am surprised at the thoughts and actions of the old man.

Pemikiran dan perlakuan *kaum itu tidak menghairankan saya lagi.*
The thoughts and actions of the tribe do not surprise me any longer.

Pemikiran dan perlakuan mereka sungguh aneh.
Saya menghormatkan pemikiran dan perlakuan pegawai-pegawai itu.

KUASA PEMBELIAN – PURCHASING POWER

Kuasa pembelian *nelayan-nelayan mengkagumkan.*
The purchasing power of the fishermen is astonishing.

Jangan bincangkan **kuasa pembelian** *petani-petani di kawasan itu.*
Don't discuss the purchasing power of the farmers in that area.

Saya yakin dengan **kuasa pembelian** *pelancong-pelancong itu.*
I am confident in the purchasing power of the tourists.

Saya memang hairan dengan **kuasa pembelian** *askar-askar di perkhemahan itu.*
I am indeed surprised at the purchasing power of the soldiers in that camp.

Kuasa pembelian *rakyat di negara itu amat tinggi sekarang.*
The purchasing power of the people in that country is high now.

Dia tidak sedar **kuasa pembelian** *saya pun tinggi.*
He is not aware that my purchasing power too is high.

Kuasa pembelian tidak tinggi dalam negara itu.
Pekerja-pekerja itu tidak mempunyai kuasa pembelian.

MENGGUNAKAN HANYA – USE ONLY

Pelajar-pelajar itu **menggunakan hanya** *pensel dan kertas.*
The students used only pencils and papers.

Nelayan-nelayan itu **hanya menggunakan** *jala.*
The fishermen only use nets.

Petani-petani itu **hanya menggunakan** *cangkul.*
The farmers only use hoes.

Pelawat-pelawat itu **hanya menggunakan** *keretapi.*
The visitors only travelled by train.

Penduduk-penduduk kampung itu **hanya menggunakan** *perahu.*
The villagers only use boats.

Pelajar-pelajar itu **hanya menggunakan** *dewan itu untuk mesyuarat.*
The students use the hall only for meetings.

Saya akan menggunakan hanya buku rujukan tebal itu.
Dia menggunakan hanya dua buah meja sahaja.

SEJAJAR DENGAN DASAR – IN ACCORDANCE WITH THE POLICY

Sejajar dengan dasar *mereka perlu diberikan perlindungan.*
In accordance with the policy they should be given protection.

Sejajar dengan dasar *Bahasa Malaysia akan diberikan keutamaan.*
In accordance with the policy Bahasa Malaysia will be given priority.

Mereka diberikan biasiswa **sejajar dengan dasar** *itu.*
They were given scholarships in accordance with the policy.

Saya perlu menunaikan janji **sejajar dengan dasar** *itu.*
I should fulfill the promise in accordance with the policy.

Sejajar dengan dasar *itu bantuan akan diberikan kepada nelayan-nelayan yang miskin.*
In accordance with the policy assistance will be given to the poor fishermen.

Sukan akan digalakkan dalam negara kita **sejajar dengan dasar** *itu.*
Sports will be encouraged in our country in accordance with the policy.

Mereka bersetuju sejajar dengan dasar itu.
Bantuan perlu diberikan sejajar dengan dasar itu.

MASIH TETAP PERCAYA – STILL BELIEVE

Ramai orang **masih tetap percaya** *ada hantu.*
Many people still believe in the existence of ghosts.

Saya **masih tetap percaya** *kita perlu belajar Bahasa Inggeris dan Bahasa Jepun.*
I still believe that we should learn English and Japanese.

Mereka **masih tetap percaya** *Brazil akan menjadi Johan Bolasepak Sedunia 1982.*
They still believe that Brazil will be the champion of World Cup 1982.

Pakar-pakar ekonomi **masih tetap percaya** *inflasi dan deflasi tidak boleh diatasi dengan mudah.*
Economic experts still believe that inflation and deflation cannot be easily overcome.

Ibu saya **masih tetap percaya** *sukan amat penting kepada belia.*
My mother still believes that sports are very important to youths.

Peminat-peminat sukan **masih tetap percaya** *Pertandingan Olimpik perlu dikekalkan.*
Sports fans still believe that the Olympic Games should be preserved.

Mereka masih tetap percaya projek itu akan dilaksanakan.
Jawatankuasa itu masih tetap percaya modal itu tidak mencukupi.

TERTAKLUK KEPADA PINDAAN – SUBJECT TO MODIFICATION

Syarat-syarat itu **tertakluk kepada pindaan**.
The stipulation are subject to modification.

Arahan baru itu tidak **tertakluk kepada pindaan**.
The new instruction is not subject to modification.

Tarikh perayaan itu **tertakluk kepada pindaan**.
The date of the festival is subject to modification.

Jadual yang diedarkan itu **tertakluk kepada pindaan**.
The schedule distributed is subject to modification.

Peraturan-peraturan baru itu tidak **tertakluk kepada pindaan**.
The new regulations are not subject to modification.

Senarai nama peserta-peserta itu **tertakluk kepada pindaan**.
The list of the participants is subject to modification.

Arahan yang diberikan itu tertakluk kepada pindaan.
Tarikh itu mungkin tertakluk kepada pindaan.

KALAU SEKARANG PUN – EVEN NOW

Kalau sekarang pun *dia boleh mengambil keputusan.*
Even now he can take a decision.

Kalau sekarang pun *dia sanggup membuat kerja itu.*
Even now he is willing to do the job.

Kalau sekarang pun *mereka sudi mengkaji projek itu.*
Even now they are willing to study the project.

Kalau sekarang pun, *mereka ingin berdamai.*
Even now they would like to be reconciled.

Kalau sekarang pun, *sahabat saya ingin berhijrah ke Australia.*
Even now my friend wishes to emigrate to Australia.

Kalau sekarang pun, *dia boleh mempelajari Bahasa Tagalog.*
Even now he can learn Tagalog.

Kalau sekarang pun projek itu boleh dilancarkan.
Kalau sekarang pun, saya boleh menolong dia.

AKAN SESIA SAHAJA – WOULD BE FUTILE

Saya tidak fikir usaha mereka itu **akan sesia sahaja**.
I did not think their efforts would be futile.

Tindakan itu **akan sesia sahaja** *sebab mereka itu degil.*
The action will be futile because they are stubborn.

Oleh sebab mereka malas kerja mereka **akan sesia sahaja**.
Because they are lazy their work would be futile.

Nescaya daya usaha mereka **akan sesia sahaja**.
Certainly their initiative will be futile.

Boleh jadi langkah yang diambil itu **akan sesia sahaja**.
The action taken could be futile.

Mujurlah kegiatan itu tidak **akan sesia sahaja.**
Fortunately the activity will not be futile.

Mungkin semua usaha itu akan sesia sahaja.
Saya tidak percaya sumbangan mereka akan sesia sahaja.

DENGAN PENUH KEYAKINAN – WITH OPTIMISM AND CONFIDENCE

Dia menjalankan tugasnya **dengan penuh keyakinan**.
He performs his task with optimism and confidence.

Budak malas itu tidak bekerja **dengan penuh keyakinan**.
The lazy boy does not work with optimism and confidence.

Pekerja-pekerja itu bekerja **dengan penuh keyakinan**.
The workers work with optimism and confidence.

Kalau tidak bekerja **dengan penuh keyakinan** *tidak boleh berjaya langsung.*
If we do not work with optimism and confidence we cannot succeed.

Mereka itu mengambil bahagian **dengan penuh keyakinan**.
They participated with optimism and confidence.

Marilah kita bekerja sama **dengan penuh keyakinan**.
Let us all work together with optimism and confidence.

Mereka berusaha dengan penuh keyakinan.
Kalau bertugas dengan penuh keyakinan kita boleh mencapai kejayaan.

CEKAP DAN MAHIR – EFFICIENT AND SKILLED

Saya tahu mereka **cekap dan mahir**.
I know they are efficient and skilled.

Kalau **cekap dan mahir** *boleh berjaya.*
If efficient and skilled, we can succeed.

Dipercayai orang Jepun **cekap dan mahir**.
It is believed the Japanese are efficient and skilled.

Orang yang bercita-cita tinggi selalunya **cekap dan mahir**.
Ambitious people are always efficient and skilled.

Saya suka budak-budak yang **cekap dan mahir**.
I like boys who are efficient and skilled.

Pekerja-pekerja lombong itu **cekap dan mahir**.
The workers in the mine are efficient and skilled.

Mereka benar-benar cekap dan mahir.
Saya suka puji pekerja-pekerja yang cekap dan mahir.

DENGAN TIDAK BERLENGAH LAGI – WITHOUT WASTING ANY TIME

Buatkan kerja itu **dengan tidak berlengah lagi**.
Do the work without wasting any time.

Budak-budak itu keluar **dengan tidak berlengah lagi**.
The boys left without wasting any time.

Saya akan menyiasat **dengan tidak berlengah lagi**.
I will investigate without wasting any time.

Mereka pun bertolak ke Ipoh **dengan tidak berlengah lagi**.
They left for Ipoh without wasting any time.

Pegawai-pegawai itu mengambil tindakan **dengan tidak berlengah lagi**.
The officers took action without wasting any time.

Sebastian menulis surat itu **dengan tidak berlengah lagi**.
Sebastian wrote the letter without wasting any time.

Anda perlu mengambil tindakan dengan tidak berlengah lagi.
Mereka pun bertolak dengan tidak berlengah lagi.

DIJAGA DENGAN BAIK – WELL-CARED
• WELL-TENDERED

Benda itu **dijaga dengan baik**.
The object was well-cared for.

Alat-alat itu tidak **dijaga dengan baik**.
The tools were not well-tendered.

Kalau **dijaga dengan baik,** *benda itu tidak akan rosak.*
If well-cared for, the object will not go bad.

Budak-budak jahat itu perlu **dijaga dengan baik**.
The naughty boys should be well-cared for.

Barang-barang penting itu perlu **dijaga dengan baik**.
The important things should be well-tendered.

Mereka diingati benda-benda itu mesti **dijaga dengan baik**.
They are reminded the things have to be well-cared for.

Perkakas-perkakas itu dijaga dengan baik.
Kawasan perusahaan itu dijaga dengan baik.

KEMUDAHAN-KEMUDAHAN PASARAN – MARKETING FACILITIES

Di bandar itu ada **kemudahan-kemudahan pasaran**.
There are marketing facilities in the city.

Tanpa **kemudahan-kemudahan pasaran** *perusahaan baru itu tidak akan berjaya.*
Without marketing facilities the new industry will not succeed.

Kemudahan-kemudahan pasaran *amat perlu kepada peniaga-peniaga kecil.*
Marketing facilities are very essential to small businessmen.

Saudagar itu berjaya sebab ada **kemudahan-kemudahan pasaran**.
The merchant succeeded because of marketing facilities.

Kemudahan-kemudahan pasaran *menggalakkan ramai orang merantau ke kawasan itu.*
Marketing facilities encourage many to go to the area.

Kemerosotan ekonomi tidak memburukkan **kemudahan-kemudahan pasaran**.
Economic recession did not worsen marketing facilities.

Kemudahan-kemudahan pasaran amatlah perlu.
Mereka berjaya dengan adanya kemudahan-kemudahan pasaran.

KESANGGUPAN DAN KERELAAN – WILLINGNESS AND READINESS

Kesanggupan dan kerelaan*nya mengkagumkan.*
His willingness and readiness are astounding.

Saya menghargai **kesanggupan dan kerelaan***nya.*
I appreciate his willingness and readiness.

Anda tidak boleh berjaya tanpa **kesanggupan dan kerelaan**.
You cannot succeed without willingness and readiness.

Kesanggupan dan kerelaan*lah kunci kejayaan.*
Willingness and readiness are the key to success.

Kesanggupan dan kerelaan*nya membolehkannya mengatasi masalah.*
Willingness and readiness enabled him to overcome the problem.

Saudagar itu menegaskan **kesanggupan dan kerelaan** *adalah asas kejayaan.*
The merchant stressed that willingness and readiness are the basis of success.

Saya memang menghargai kesanggupan dan kerelaannya.
Kesanggupan dan kerelaan pemuda-pemuda itu mengkagumkan.

MARUAH DAN KEHORMATAN – DIGNITY AND SELF-RESPECT

Saya mengutamakan **maruah dan kehormatan**.
I give priority to dignity and self-respect.

Orang Timur memelihara **maruah dan kehormatan**.
The people in the East preserve their dignity and self-respect.

Maruah dan kehormatan *adalah penting kepada kita.*
Dignity and self-respect are important to us.

Maruah dan kehormatan *mencerminkan bangsa.*
Dignity and self-respect reflect the race.

Maruah dan kehormatan *adalah warisan orang Timur.*
Dignity and self-respect are the heritage of the East.

Saya percaya **maruah dan kehormatan** *perlu kepada kita.*
I believe dignity and self-respect are necessary for us.

Kita perlu mengutamakan maruah dan kehormatan.
Maruah dan kehormatan amat perlu kepada kita.

MERATA-RATA TEMPAT – ALL OVER THE PLACE
• LOTS OF PLACES

Mereka telah melawat **merata-rata tempat**.
They have visited lots of places.

Ada askar-askar di **merata-rata tempat**.
There are soldiers all over the place.

Buah-buahan itu didapati di **merata-rata tempat**.
The fruits are obtainable in lots of places.

Penuntut itu sedang mencari buku rujukan itu di **merata-rata tempat**.
The student is searching for the reference book all over the place.

Bunga-bunga ini didapati di **merata-rata tempat**.
These flowers are found all over the place.

Bunga itu tidak didapati di **merata-rata tempat**.
The flower is not obtainable in many places.

Kami sudah mencari di merata-rata tempat.
Bunga itu boleh didapati di merata-rata tempat.

MENGAMBIL TINDAKAN YANG SEWAJARNYA – TO TAKE THE NECESSARY STEPS

Mengapa mereka tidak **mengambil tindakan yang sewajarnya***?*
Why have they not taken the necessary steps?

Mereka perlu **mengambil tindakan yang sewajarnya**.
They should take the necessary steps.

Saya hairan jawatankuasa itu tidak **mengambil tindakan yang sewajarnya**.
I am surprised the committee has not taken the necessary steps.

Saya harap Jabatan Pelajaran akan **mengambil tindakan yang sewajarnya**.
I hope the Education Department will take the necessary steps.

Saya yakin Pengetua itu akan **mengambil tindakan yang sewajarnya.**
I am sure the Principal will take the necessary steps.

Mereka tidak cukup berani untuk **mengambil tindakan yang sewajarnya**.
They are not brave enough to take the necessary steps.

Pihak berkenaan sudah pun mengambil tindakan yang sewajarnya.
Saya berharap majikan itu akan mengambil tindakan yang sewajarnya.

PADA ZAMAN DAHULU KALA – IN OLDEN DAYS

Tidak ada televisyen **pada zaman dahulu kala**.
There was no television in olden days.

Pada zaman dahulu kala *orang tidak menikmati kemudahan-kemudahan rekaan baru.*
In olden days people did not enjoy the facilities of modern invention.

Pada zaman dahulu kala *ramai orang mencari rezeki di laut.*
In olden days many people earned their livelihood at sea.

Pada zaman dahulu kala *orang terpaksa bekerja dengan sungguh giat.*
In olden days people were compelled to work actively.

Pada zaman dahulu kala *orang tidak mendapat banyak kemudahan.*
In olden days people did not have many facilities.

Pada zaman dahulu kala *adat resam itu diamalkan juga.*
In olden days this custom was practised.

Pada zaman dahulu kala manusia menghadapi pelbagai masalah.
Pada zaman dahulu kala nenek-moyang kita mengamalkan semangat bergotong-royong.

PERINGKAT AKHIR – FINAL STAGE

Saya diberitahu projek itu dalam **peringkat akhir**.
I have been informed that the project is in the final stage.

Kita boleh membincangkannya dalam **peringkat akhir**.
We can discuss this in the final stage.

Perbincangan itu dalam **peringkat akhir**.
The discussion is in the final stage.

Mereka akan menyertai perbincangan itu dalam **peringkat akhir**.
They will join the discussion in the final stage.

Saya belum tahu siapa akan menyempurnakan **peringkat akhir**.
I am yet to know who will execute the final stage.

Pekerja-pekerja mahir dikehendaki untuk melaksanakan **peringkat akhir** *projek itu.*
Skilled workers are needed to complete the final stage of the project.

Projek itu di dalam peringkat akhir.
Perbincangan itu dalam peringkat akhir.

PERINGKAT DEMI PERINGKAT – STEP BY STEP

Cuba buat kerja itu **peringkat demi peringkat**.
Try to do the job step by step.

Kalau diusahakan **peringkat demi peringkat** *projek itu pasti berjaya.*
If carried out step by step the project will be a success.

Saya sedar kerja itu perlu dibuat **peringkat demi peringkat**.
I am sure that the work should be done step by step.

Jawatankuasa itu akan membincangkan perkara itu **peringkat demi peringkat**.
The committee will discuss the matter step by step.

Pembinaan bangunan itu sedang dijalankan **peringkat demi peringkat**.
The construction of the building is being carried out step by step.

Saya tidak tahu kerja itu dijalankan **peringkat demi peringkat**.
I did not know that the work is being carried out step by step.

Mereka perlu menjalankan kerja itu peringkat demi peringkat.
Cikgu berpengalaman itu mengajar peringkat demi peringkat.

SATU PELUANG YANG BARU – A NEW OPPORTUNITY
• ANOTHER OPPORTUNITY

Saya tidak percaya itu **satu peluang yang baru**.
I do not regard it is a new opportunity.

Penduduk-penduduk kampung itu akan mendapat **satu peluang yang baru**.
The villagers will get another opportunity.

Mengapa lagi **satu peluang baru** *akan diberikan kepada mereka?*
Why will they be given another opportunity?

Mereka mungkin akan diberikan **satu peluang yang baru**.
They will probably be given another opportunity.

Mereka tidak menyedari betapa pentingnya **peluang yang baru** *itu.*
They are not aware of the importance of that new opportunity.

Peluang yang baru *itu akan menguntungkan mereka.*
The new opportunity will benefit them.

Mereka diberikan satu peluang yang baru.
Itu sebenarnya satu peluang yang baru.

DIPERINTAH OLEH – RULED BY

Negeri Thai tidak pernah **diperintah oleh** *sebarang kuasa barat.*
Thailand has never been ruled by any western powers.

Negara kita pernah **diperintah oleh** *Portugis, Belanda, Inggeris dan Jepun.*
Our country has been ruled by the Portuguese, Dutch, English and Japanese.

Hampir semua negara di Afrika pernah **diperintah oleh** *kuasa-kuasa barat.*
Nearly all countries in Africa have been ruled by western powers.

Hong Kong masih **diperintah oleh** *England sebagai jajahan.*
Hong Kong is still ruled by England as a colony.

Pulau Falkland masih **diperintah oleh** *England.*
The Falkland Islands are still ruled by England.

Pulau Falkland hanya **diperintah oleh** *Argentina selama beberapa minggu sahaja.*
The Falkland Islands were ruled by Argentina for a few weeks only.

Negara itu pernah diperintah oleh Sepanyol.
Negara itu tidak pernah diperintah oleh sebarang kuasa asing.

MEMPUNYAI BANYAK – POSSESSING MANY/MUCH

Hartawan itu **mempunyai banyak** *rumah di seluruh negara.*
The landed proprietor possesses many houses throughout the country.

Pemaju-pemaju itu tidak **mempunyai banyak** *kenderaan.*
The developers do not possess many vehicles.

Jutawan itu **mempunyai banyak** *firma dalam negara ini dan seberang laut.*
The millionaire possesses many firms in this country and abroad.

Negara kita **mempunyai banyak** *potensi untuk kemajuan perusahaan pelancongan.*
Our country possesses much potential for the progress of tourism.

Mereka tidak **mempunyai banyak** *kesempatan untuk melaksanakan projek itu.*
They do not possess many opportunities to carry out the project.

Saya memang **mempunyai banyak** *peluang bukan sahaja dalam negara ini tetapi juga di luar negeri.*
I really possess many opportunities not only in this country but also abroad.

Mereka mempunyai banyak harta di kawasan itu.
Dia tidak mempunyai banyak jentolak seperti yang dipercayai.

IKLAN PERDAGANGAN – COMMERCIAL ADVERTISEMENTS

Iklan perdagangan *mengambil banyak ruang akhbar.*
Commercial advertisements take a lot of space in the newspaper.

Iklan perdagangan *patut dihadkan.*
Commercial advertisement should be limited.

Ramai tidak suka membaca **iklan perdagangan**.
Many people do not like to read commercial advertisements.

Saudagar-saudagar perlu membaca **iklan perdagangan**.
Merchants should read commercial advertisements.

Radio dan Televisyen pun menyiarkan **iklan perdagangan**.
Radio and television broadcast commercial advertisements.

Kadang-kadang **iklan perdagangan** *memberikan maklumat yang tidak benar.*
At times commercial advertisements give false information.

Saudara itu hanya membaca iklan perdagangan.
Kadang-kadang iklan perdagangan dalam akhbar membosankan.

LEBIH BAIK DARIPADA – BETTER THAN

Majalah ini **lebih baik daripada** *majalah itu.*
This magazine is better than that.

Kawasan ini **lebih baik daripada** *kawasan itu.*
This area is better than that one.

Layanan di bank ini **lebih baik daripada** *layanan di bank dalam negara itu.*
The services in this bank are better than those in the bank in that country.

Kemajuan dalam negara kita **lebih baik daripada** *kebanyakan negara di Asia Tenggara.*
The progress in our country is better than that in most countries in South East Asia.

Saya rasa perkembangan dalam negara kita **lebih baik daripada** *perkembangan beberapa buah negara tetangga kita.*
I feel the development in our country is better than that in several of our neighbouring countries.

Saya sedar kerja anda **lebih baik daripada** *kerja orang itu.*
I am aware your work is better than that man's.

Bangunan ini lebih baik daripada bangunan itu.
Laporan ini lebih baik daripada laporan jawatankuasa itu.

KEBIMBANGAN MEREKA – THEIR ANXIETY

Kebimbangan mereka *menghairankan saya.*
Their anxiety surprises me.

Kebimbangan mereka *mengelirukan kebanyakan orang.*
Their anxiety confuses many people.

Saya masih ragu-ragu terhadap **kebimbangan mereka**.
I am still doubtful about their anxiety.

Kebimbangan mereka *boleh melambatkan projek-projek itu.*
Their anxiety can delay the projects.

Kebimbangan mereka *tidak boleh dibiarkan begitu sahaja.*
Their anxiety cannot be allowed as it is.

Saya benar-benar bersimpati dengan **kebimbangan mereka**.
I really sympathise with their anxiety.

Saya hairan dengan kebimbangan mereka.
Sebenarnya kebimbangan mereka tidak berasas.

PAKAR PEMASARAN – MARKETING EXPERT

Pakar pemasaran *itu rajin serta berusaha.*
The marketing expert is hardworking and diligent.

Pakar pemasaran *itu sanggup menolong saya.*
The marketing expert is willing to help me.

Pakar pemasaran *itu baru mula bertugas di bank itu.*
The marketing expert has just started work in that bank.

Pakar pemasaran *itu akan bersyarah di dewan itu pada hari Sabtu.*
The marketing expert will lecture in the hall on Saturday.

Saya tidak tahu latar belakang **pakar pemasaran** *itu.*
I do not know the background of the marketing expert.

Pakar pemasaran *itu akan bertolak ke Itali pada pertengahan bulan ini.*
The marketing expert will leave for Italy in the middle of the month.

Saya tidak bersetuju dengan pakar pemasaran itu.
Pakar pemasaran itu bertugas di Citibank.

BEKALAN ELEKTRIK – ELECTRICITY SUPPLY

Bekalan elektrik *amat penting sekarang.*
The electricity supply is very important now.

Ramai orang masih belum dapat **bekalan elektrik**.
Many people still do not have any electricity supply.

Perusahaan desa pun memerlukan **bekalan elektrik**.
Cottage industries also need electricity supply.

Kawasan itu tidak boleh maju tanpa **bekalan elektrik**.
The area cannot be developed without electricity supply.

Bekalan elektrik *yang mencukupi sudah memajukan kawasan perusahaan itu.*
Sufficient electricity supply has developed the industrial area.

Kebanyakan kampung dalam negeri itu akan mendapat **bekalan elektrik** *sebelum penghujung tahun ini.*
Most villages in that country will get their electricity supply before the end of the year.

Bekalan elektrik di kawasan luar bandar itu tidak mencukupi.
Kampung itu akan mendapat bekalan elektrik tidak lama lagi.

PALING MURAH – CHEAPEST

Harga benda itu **paling murah**.
The price of that object is the cheapest.

Saya hanya akan membeli kemeja yang **paling murah**.
I only want to buy the cheapest shirts.

Semua rumah yang **paling murah** *sudah terjual.*
All the cheapest houses have been sold out.

Saya tidak sedar permaidani-permaidani yang dipamerkan itu **paling murah**.
I was not aware that the carpets exhibited were the cheapest.

Benda-benda yang **paling murah** *senang dijual.*
The cheapest articles can be easily sold.

Saya tidak percaya harga benda itu **paling murah**.
I do not believe that the price of that object is the cheapest.

Saya membeli rumah yang paling murah di tempat itu.
Harga permaidani itu paling murah.

DALAM SEMUA HAL — IN ALL MATTERS

Dia memang mahir **dalam semua hal**.
He is proficient in all matters.

Dia tidak akan bercakap **dalam semua hal**.
He is not going to talk on all matters.

Ali tidak mencapai kejayaan **dalam semua hal**.
Ali did not succeed in all matters.

Saya sedar dia tahu keadaan **dalam semua hal.**
I am aware he knows all the matters.

Dia sanggup berbincang **dalam semua hal**.
He is willing to discuss all the matters.

Memandangkan kehandalannya **dalam semua hal,** *galakan perlu diberikan kepadanya.*
Taking into view his skill in all matters, encouragement should be given to him.

Dia memang pakar dalam semua hal.
Mereka perlulah diberikan latihan dalam semua hal.

MELAPORKAN BERTAMBAH-NYA KECURIAN – REPORT THE INCREASE OF THEFT

Saya mesti **melaporkan bertambahnya kecurian** *kepada pegawai polis itu.*
I must report the increase of theft to the police officer.

Mereka lupa **melaporkan bertambahnya kecurian** *kepada jawatan-kuasa itu.*
They forgot to report the increase of theft to the committee.

Mereka patutlah **melaporkan bertambahnya kecurian** *dengan segera.*
They should report the increase of theft immediately.

Saya hairan mengapa mereka enggan **melaporkan bertambahnya kecurian** *kepada pihak berkuasa.*
I am surprised why they are reluctant to report the increase of theft to the authority.

Pengakap-pengakap itu sudah **melaporkan bertambahnya kecurian** *kepada pegawai daerah.*
The scouts have reported the increase of theft to the District Officer.

Saya akan **melaporkan bertambahnya kecurian** *tanpa berlengah-lengah lagi.*
I will report the increase of theft without wasting any more time.

Mereka sudah pun melaporkan bertambahnya kecurian di kampung itu.
Mengapa dia tidak melaporkan bertambahnya kecurian itu kepada polis.

SERING DIPERKATAKAN – OFTEN DISCUSSED
• TALKED ABOUT

Kejayaan yang tercapai itu **sering diperkatakan**.
The success achieved is being talked about.

Kelakuan tidak senonoh budak-budak jahat itu **sering diperkatakan**.
The indecent behaviour of the naughty boys is being talked about.

Kekalahan Brazil dalam pertandingan itu **sering diperkatakan**.
Brazil's loss in the competition is often discussed.

Masalah nelayan-nelayan di kawasan itu **sering diperkatakan**.
The problems of the fishermen in the area are being talked about.

Kejayaan perusahaan baru itu **sering diperkatakan** *oleh semua golongan.*
The new industry's success is discussed by all.

Saya hairan mengapa sikap pelancong-pelancong itu **sering diperkatakan**.
I am surprised why the tourists' attitude is being discussed.

Masalah kemiskinan sering diperkatakan di mana jua pun.
Kesan buruk rasuah sering diperkatakan di bandar-bandar besar.

KEMEROSOTAN DISIPLIN – DETERIORATION IN THE STANDARD OF DISCIPLINE

Saya berasa hampa dengan **kemerosotan disiplin**.
I am disappointed with the deterioration in the standard of discipline.

Kemerosotan disiplin *tidak boleh dibiarkan begitu sahaja.*
The deterioration in the standard of discipline cannot be allowed as it is.

Kemerosotan disiplin *di kalangan pekerja sungguh memeranjatkan.*
The deterioration in the standard of discipline amongst the workers is frightening.

Tindakan-tindakan tegas perlu diambil untuk mengatasi **kemerosotan disiplin**.
Positive steps should be taken to overcome the deterioration in the standard of discipline.

Mengapa mereka membiarkan sahaja **kemerosotan disiplin** *berlarutan?*
Why do they allow the deterioration in the standard of discipline to continue?

Saya tidak percaya **kemerosotan disiplin** *pekerja-pekerja degil itu boleh disekat.*
I do not believe the deterioration in the standard of discipline among those stubborn workers can be checked.

Kemerosotan disiplin di kalangan pelajar memeranjatkan.
Saya rasa, kemerosotan disiplin di sekolah itu perlu diatasi dengan segera.

DALAM BERBAGAI BENTUK – IN VARIOUS FORMS

Perkakas-perkakas itu boleh dibeli **dalam berbagai bentuk**.
The articles can be bought in various forms.

Rumah-rumah **dalam berbagai bentuk** *akan dibina di kawasan itu.*
Houses in various forms will be built in that area.

Perabot-perabot **dalam berbagai bentuk** *boleh dibeli di kedai besar itu.*
Various forms of furniture can be bought in the big shop.

Benda itu tidak boleh dibeli **dalam berbagai bentuk**.
The thing cannot be bought in various forms.

Kenderaan-kenderaan **dalam berbagai bentuk** *boleh dibeli di negeri itu.*
Various forms of vehicles can be bought in that country.

Kain itu boleh dibeli **dalam berbagai bentuk**.
The cloth can be bought in various forms.

Permaidani sejenis itu ada dalam berbagai bentuk.
Mereka mempamerkan raga-raga dalam berbagai bentuk.

TANPA DIDIKAN – WITHOUT TRAINING

Saya yakin mereka tidak boleh maju **tanpa didikan**.
I am confident that they will not progress without training.

Tanpa didikan *sempurna mereka tidak boleh mencapai sebarang kejayaan.*
Without proper training they cannot achieve any success.

Bagaimana mereka boleh maju **tanpa didikan** *yang sewajarnya?*
How can they progress without appropriate training?

Pekerja-pekerja itu tidak mungkin berjaya **tanpa didikan** *yang baik.*
The workers probably will not succeed without good training.

Budak-budak itu sempat juga berjaya **tanpa didikan**.
The boys were able to succeed without training.

Pegawai itu mengingatkan mereka **tanpa didikan** *mereka tidak boleh maju.*
The officer reminded them that they could not succeed without training.

Mereka tidak boleh maju tanpa didikan.
Kejayaan tidak boleh dicapai tanpa didikan.

BERPERANGAI TIDAK SENONOH — BADLY BEHAVED

Orang **berperangai tidak senonoh** *tidak boleh berjaya.*
Badly behaved people cannot succeed.

Dua orang yang **berperangai tidak senonoh** *tidak dibenarkan masuk.*
Two persons who were behaving badly were not allowed to enter.

Saya tidak bercakap dengannya sebab dia **berperangai tidak senonoh**.
I did not talk to him because his behaviour was bad.

Ramai bencikan orang **berperangai tidak senonoh**.
Many hate those who behave badly.

Orang yang **berperangai tidak senonoh** *tidak boleh masuk ke dalam taman itu.*
People who behave badly cannot enter the garden.

Tiga orang yang **berperangai tidak senonoh** *telah diberikan amaran keras.*
Three people displaying indecent behaviour were given stern warnings.

Saya bencikan orang yang berperangai tidak senonoh.
Orang yang berperangai tidak senonoh tidak boleh mengambil bahagian.

TIDAK MENGHAIRANKAN KALAU – NOT SURPRISING IF

Tidak menghairankan kalau *Brazil tidak berjaya tahun ini.*
It would not be surprising if Brazil does not win this year.

Tidak menghairankan kalau *Itali menjadi Johan Bola Sepak tahun ini.*
It would not be surprising if Italy becomes the Champion of World Cup Football this year.

Tidak menghairankan kalau *budak itu gagal dalam peperiksaan.*
It would not be surprising if that boy fails in his examination.

Tidak menghairankan kalau *orang itu tidak diberikan lesen.*
It would not be surprising if the person is not given the licence.

Tidak menghairankan kalau *pengedar dadah ini dijatuhkan hukuman mati.*
It would not be surprising if the drug pusher is sentenced to death.

Tidak menghairankan kalau *mereka ditahan selama seminggu.*
It would not be surprising if they are detained for a week.

Tidak menghairankan kalau dia tidak hadir.
Tidak menghairankan kalau dia bertolak ke Sepanyol untuk menghadiri Persidangan Pujangga Sedunia Yang Keenam.

ADALAH MUSTAHIL SAMA SEKALI – RIDICULOUS INDEED
• RIDICULOUS AT ALL

Tindakan itu **adalah** *tidak* **mustahil sama sekali.**
The action is not ridiculous at all.

Langkah-langkah yang diambil **adalah mustahil sama sekali**.
The steps taken are ridiculous indeed.

Ucapan pegawai itu **adalah mustahil sama sekali**.
The officer's speech is ridiculous indeed.

Dasar baru itu **adalah mustahil sama sekali**.
The new policy is ridiculous indeed.

Penjelasan yang diberikan oleh pegawai kanan itu **adalah mustahil sama sekali**.
The classification of the officer is ridiculous indeed.

Perbuatan kumpulan jahat itu **adalah mustahil sama sekali**.
The action of the hooligans is ridiculous indeed.

Keputusan yang diambil adalah mustahil sama sekali.
Tindakan yang diambil adalah mustahil sama sekali.

MEMBALAS DENDAM – TO AVENGE
• TO TAKE REVENGE

Saya tidak akan **membalas dendam**.
I will not take revenge.

Ada orang yang suka **membalas dendam**.
There are people who like to take revenge.

Saya percaya dia tidak akan **membalas dendam**.
I believe he will not take revenge.

Tidak adil **membalas dendam** *sebab perbuatan seperti ini dikutuk oleh agama.*
It is not fair to take revenge, as it is condemned by religion.

Orang yang suka **membalas dendam** *pasti akan mengalami berbagai masalah.*
People who like to avenge will experience various problems.

Amat baik memaafkan musuh, tidak perlu **membalas dendam**.
It is better to forgive enemies; no need to take revenge.

Tidak adil membalas dendam dengan musuh.
Saya tidak bersetuju anda membalas dendam dengan pegawai itu.

SANGGUP MELAKUKAN PEMBUNUHAN – WILLING TO COMMIT MURDER

Malangnya ada orang yang **sanggup melakukan pembunuhan**.
Unfortunately there are people who are willing to commit murder.

Orang yang **sanggup melakukan pembunuhan** *perlu dipenjarakan.*
People who are willing to commit murder should be jailed.

Sesiapa pun tidak akan menghormatkan orang yang **sanggup melakukan pembunuhan**.
No one will respect those who are willing to commit murder.

Saya tidak percaya dia **sanggup melakukan pembunuhan**.
I do not believe he is willing to commit murder.

Pengganas-pengganas itu **sanggup melakukan pembunuhan**.
The terrorists were willing to commit murder.

Tidak ada tempat dalam negara ini kepada yang **sanggup melakukan pembunuhan**.
There is no place in this country for those willing to commit murder.

Ada juga orang yang sanggup melakukan pembunuhan.
Orang yang sanggup melakukan pembunuhan mesti dihukum dengan berat.

MEMBATALKAN RANCANGAN – TO CANCEL THE PROGRAMME/PROJECT

Mereka ingin **membatalkan rancangan** *itu.*
They wish to cancel the programme.

Saya menasihatkan jawatankuasa itu **membatalkan projek** *itu.*
I advised the committee to cancel the project.

Pekerja-pekerja itu enggan **membatalkan rancangan** *lama itu.*
The workers were reluctant to cancel the old programme.

Ada kemungkinan besar pegawai itu **membatalkan rancangan** *itu.*
There is a probability that the officer will cancel the programme.

Terdengar desas-desus pemaju-pemaju itu akan **membatalkan rancangan** *yang diperkenalkan itu.*
There are rumours that the developers will cancel the programme which was introduced.

Kerajaan tidak akan **membatalkan rancangan** *Perancang Keluarga.*
The government will not cancel the Family Planning programme.

Mereka ingin membatalkan rancangan itu.
Pemaju-pemaju itu mungkin tidak akan membatalkan rancangan baru itu.

TIDAK PERLU MEMBATALKAN – NOT NECESSARY/NO NEED/-NO NECESSITY TO CANCEL

Mereka **tidak perlu membatalkan** *rancangan baik itu.*
There is no need for them to cancel the programme.

Kerajaan **tidak perlu membatalkan** *rancangan baru itu.*
There is no necessity for the government to cancel the new programme.

Anda **tidak perlu membatalkan** *projek yang dilancarkan itu.*
There is no need for you to cancel the project launched.

Saya rasa **tidak perlu membatalkan** *cadangan-cadangan baik itu.*
I feel it is not necessary to cancel the good proposals.

Mereka **tidak perlu membatalkan** *syarat-syarat yang diluluskan dengan sebulat suara.*
There is no need for them to cancel the stipulation passed unanimously.

Anda **tidak perlu membatalkan** *dasar yang diterima oleh setiap lapisan rakyat.*
There is no need for you to cancel the policy accepted by people of all walks of life.

Anda tidak perlu membatalkan rancangan itu.
Jawatankuasa itu tidak perlu membatalkan projek-projek itu.

MEMERLUKAN LEBIH MASA – NEED MORE TIME

Pekerja-pekerja itu **memerlukan lebih masa** *dari itu untuk menyiapkan kerja.*
The workers need more time than that to complete the work.

Saya **memerlukan lebih masa** *dari itu untuk menulis kertas kerja itu.*
I need more time than that to write the working paper.

Jawatankuasa itu **memerlukan lebih masa** *dari itu untuk mengambil keputusan muktamad.*
The committee needs more time than that to make a decision.

Sebastian **memerlukan lebih masa** *dari itu untuk membina rumah baru itu.*
Sebastian needs more time than that to build the new house.

Saya yakin pemaju-pemaju itu **memerlukan lebih masa** *dari itu.*
I am certain that the developers need more time than that.

Memang pelajar-pelajar itu **memerlukan lebih masa** *dari itu untuk menguasai bahasa itu.*
Certainly the students need more time than that to master the language.

Saya memerlukan lebih masa dari itu.
Pekerja-pekerja itu memerlukan lebih masa dari itu untuk menyempurnakan projek besar itu.

TERLALU MEMBOSANKAN – VERY BORING

Pertunjukan di Dewan Hamdan itu **terlalu membosankan**.
The show in Hamdan Hall was very boring.

Tarian gadis-gadis Bali itu **terlalu membosankan**.
The dances of the Bali girls were very boring.

Keadaan di kawasan itu **terlalu membosankan**.
The condition in the area is very boring.

Cerpen-cerpen yang dihasilkan oleh penulis baru itu **terlalu membosankan**.
The short stories written by the new writer are very boring.

Peraduan Nyanyian di kawasan luar bandar itu **terlalu membosankan**.
The Singing Competition in the rural area was very boring.

Mereka berkata tabiat orang-orang di kawasan itu **terlalu membosankan**.
They said the behaviour of the people in the area was very boring.

Permainan itu terlalu membosankan.
Bahan-bahan yang dipamerkan terlalu membosankan.

YANG DIKARANG OLEH – WRITTEN BY

Saya memang suka membaca novel-novel **yang dikarang oleh** *Agatha Christie.*
I really like novels written by Agatha Christie.

Dia belum pernah membaca buku-buku **yang dikarang oleh** *Robert Louis Stevenson.*
He has not read books written by Robert Louis Stevenson.

Dia perlu membaca novel-novel **yang dikarang oleh** *Profesor Ismail Hussein.*
He should read the novels written by Professor Ismail Hussein.

Ramai pelajar pernah membaca novel-novel **yang dikarang oleh** *Alexander Dumas.*
Many students have read the novels written by Alexander Dumas.

Saya masih membaca novel-novel **yang dikarang oleh** *Charles Dickens.*
I still read novels written by Charles Dickens.

Dia sering membaca buku-buku **yang dikarang oleh** *Enid Blyton.*
She frequently reads books written by Enid Blyton.

Itulah buku yang dikarang oleh Dr. Ariel Lacson.
Saya belum membaca buku yang dikarang oleh Dr. Krishna Srinivas.

MENUJU KE MATALAMAT – TOWARDS THE TARGET

Segala-gala usaha **menuju ke matalamat** *itu.*
All efforts are being made towards achieving the target.

Mereka yakin usaha mereka **menuju ke matalamat** *itu.*
They are certain they are working towards the target.

Pelajar-pelajar itu berusaha dengan segala daya-upayanya **menuju ke matalamat** *itu.*
The students are working to the best of their abilities towards the target.

Saya memang berusaha **menuju ke matalamat** *itu.*
I am certainly working towards the target.

Mereka sedar segala ikhtiar telah diambil **menuju ke matalamat** *itu.*
They are aware that all efforts have been taken towards achieving the target.

Pengakap-pengakap itu merancangkan projek-projek mereka **menuju ke matalamat**.
The scouts are working towards the target.

Mereka menuju ke matalamat itu.
Kita perlu berusaha menuju ke matalamat yang dipersetujui.

DI PERPUSTAKAAN KITA – IN OUR LIBRARY

Ada beribu-ribu buku **di perpustakaan kita**.
There are thousands of books in our library.

Buku-buku itu memang ada **di perpustakaan kita**.
Those books are definitely in our library.

Siapa kata novel-novel itu tidak ada **di perpustakaan kita**.
Who said the novels are not in our library.

Gambar-gambar bersejarah pun terdapat **di perpustakaan kita**.
There are historical pictures also in our library.

Buku-buku terjemahan pun ada **di perpustakaan kita**.
Translated books also are obtainable in our library.

Ada juga buku-buku Sepanyol dan Itali **di perpustakaan kita**.
There are also Spanish and Italian books in our library.

Risalah-risalah itu terdapat di perpustakaan kita.
Di perpustakaan kita tidak ada buku-buku yang saudara mahukan.

BEGITU PENTING – SO IMPORTANT

Kitab itu **begitu penting** *kepada masyarakat Hindu.*
The book is so important to the Hindus.

Pujangga Bharathi **begitu penting** *kepada orang Asia.*
The poet Bharathi is so important to the Asians.

Barang-barang yang **begitu penting** *perlu dibeli dengan segera.*
The objects which are so important should be bought immediately.

Saya tidak sedar benda itu **begitu penting** *kepada saya.*
I am not aware the objects are so important to me.

Saya tidak akan lupa membeli benda yang **begitu penting**.
I will not forget to buy the things which are so important.

Buku rujukan yang **begitu penting** *boleh dibeli di kedai mana-mana pun.*
The important reference book can be bought in any shop.

Buku-buku itu tidak begitu penting kepada saya.
Encik Mohan bukanlah orang yang begitu penting di daerah itu.

PEMILIHAN KATA-KATA – CHOICE OF WORDS

Pelajar-pelajar itu perlu menumpukan perhatian kepada **pemilihan kata-kata**.
The students should focus their attention on their choice of words.

Ramai pujangga mementingkan **pemilihan kata-kata**.
Most poets give priority to choice of words.

Pemilihan kata-kata *dalam sajak indah itu sungguh menarik.*
The choice of words in the lovely poem is striking.

Saya hairan dengan **pemilihan kata-kata** *dalam ucapan pendek itu.*
I am surprised at the choice of words in the short speech.

Pemilihan kata-kata *amat perlu kepada ahli-ahli pidato.*
Choice of words is very important to orators.

Sajak-sajak itu dapat difahami sebab **pemilihan kata-kata** *itu tepat benar.*
The poems are comprehensible because of the apt choice of words.

Saya kagum dengan pemilihan kata-kata dalam sajak itu.
Pensyarah berpengalaman itu mementingkan pemilihan kata-kata.

HANYA PADA TAHUN – ONLY IN THE YEAR

Dia tiba dari India **hanya pada tahun** *ini.*
He arrived from India only this year.

Dia akan mengambil peperiksaan itu **hanya pada tahun** *ini.*
He will sit for the examination only this year.

Mereka akan bertolak ke Pakistan **hanya pada** *pertengahan* **tahun** *ini.*
They will leave for Pakistan only middle of this year.

Mereka sempat menyelesaikan kerja itu **hanya pada tahun** *ini.*
They were able to complete the work only this year.

Pertandingan itu akan diadakan **hanya pada tahun** *ini.*
The competition will be held only this year.

Mesyuarat itu akan diadakan **hanya pada tahun** *ini.*
The meeting will be held only this year.

Sebastian lulus dalam peperiksaan hanya pada tahun 1982.
Mereka mula bekerja hanya pada tahun ini.

HEBAT DAN CANTIK – BEAUTIFUL AND IMPRESSIVE

Pramugari itu **hebat dan cantik**.
The air hostess is beautiful and impressive.

Pragawati yang **hebat dan cantik** *itu bertolak ke Madrid.*
The model who is beautiful and impressive left for Madrid.

Wanita-wanita di Bali **hebat dan cantik**.
Ladies in Bali are beautiful and impressive.

Saya tidak percaya wanita-wanita di Uganda **hebat dan cantik**.
I do not believe that ladies in Uganda are beautiful and impressive.

Di Kerala ramai perempuan **hebat dan cantik**.
In Kerala many women are beautiful and impressive.

Di kota-kota besar memang ada wanita yang **hebat dan cantik**.
In big cities there are women who are really beautiful and impressive.

Bangunan bertingkat itu hebat dan cantik.
Wanita itu hebat dan cantik.

DALAM BAHASA MEREKA – IN THEIR LANGUAGE

Ada banyak buku rujukan **dalam bahasa mereka**.
There are many reference books in their language.

Beribu-ribu sajak terdapat **dalam bahasa mereka**.
Thousands of poems are found in their language.

Saya suka baca cerpen **dalam bahasa mereka**.
I like to read short stories in their language.

Perbendaharaan kata **dalam bahasa mereka** *sungguh kaya.*
The vocabulary is rich in their language.

Saya pernah membaca novel-novel **dalam bahasa mereka**.
I have read the novels in their language.

Saya sempat menguasai bahasa itu dan menulis **dalam bahasa mereka**.
I am able to master the language and write in their language.

Mereka menyanyi dalam bahasa mereka.
Mereka ingin berbahas dalam bahasa mereka.

SIKAP TERLAMPAU – EXTREME ATTITUDE

Sikap terlampau *lembut boleh menghasilkan kesan buruk.*
An extreme attitude can cause adverse effects.

Saya tidak suka **sikap terlampau** *orang tua itu.*
I do not like the extreme attitude of the old man.

Sikap terlampau*nya hanya merugikannya.*
His extreme attitude is only disadvantageous to him.

Dia tidak boleh maju kalau dia mengamalkan **sikap terlampau***nya.*
He cannot succeed if his attitude is extreme.

Projek besar itu tidak berjaya akibat **sikap terlampau***nya.*
The big project will not succeed because of his extreme attitude.

Dia mengalami pelbagai kesulitan akibat **sikap terlampau***nya.*
He experienced various problems as a result of his extreme attitude.

Sikap terlampau itu tidak akan membawa sebarang kesan baik.
Saya tidak bersetuju dengan sikap terlampau itu.

SEKIRANYA KEPUTUSAN ITU – IF THE DECISION

Saya akan menentang **sekiranya keputusan itu** *tidak memuaskan.*
I will object if the decision is not satisfactory.

Sekiranya keputusan itu *negatif, saya tidak akan menyertai rancangan itu.*
If the decision is negative, I will not participate in the programme.

Sekiranya keputusan itu *baik, saya akan bertolak ke Jerman Barat dengan segera.*
If the decision is good, I will leave for West Germany immediately.

Sekiranya keputusan itu *berat sebelah, mungkin saya meletakkan jawatan saya.*
If the decision is biased, I might probably resign.

Dia tidak akan bekerjasama, **sekiranya keputusan itu** *menghampakan.*
He will not cooperate if the decision is disappointing.

Sekiranya keputusan itu *menggalakkan saya akan menghadiri Persidangan Pujangga Sedunia Yang Ketujuh di India dalam tahun 1983.*
If the decision is encouraging, I will attend the Seventh World Conference of Poets in India, in the year 1983.

Saya akan merayu sekiranya keputusan itu tidak memuaskan.
Sekiranya keputusan itu berat sebelah saya akan meletakkan jawatan.

TERLALU SIBUK – VERY BUSY

Biasanya Pengarah itu **terlalu sibuk** *pada hari Isnin.*
Usually the director is very busy on Mondays.

Saya tidak percaya dia **terlalu sibuk** *sekarang.*
I do not believe he is very busy now.

Dia sengaja berkata dia **terlalu sibuk**.
He is purposely saying that he is very busy.

Di bandar yang besar ramai orang **terlalu sibuk** *pada waktu pagi.*
In big cities many people are very busy in the morning.

Saya tidak suka mengganggu pegawai itu kalau dia **terlalu sibuk**.
I do not like to disturb the officer if he is very busy.

Sebenarnya kerani besar itu **terlalu sibuk** *pada hari itu.*
In fact the chief clerk was very busy on that day.

Pegawai-pegawai di kawasan itu terlalu sibuk pada hari Ahad.
Kerani-kerani itu terlalu sibuk pada waktu pagi.

BERBAGAI-BAGAI JENIS – VARIOUS KINDS

Ali membeli **berbagai-bagai jenis** *perkakas di Kuala Kangsar.*
Ali bought various kinds of tools in Kuala Kangsar.

Dalam pameran itu kita berkesempatan menyaksikan **berbagai-bagai jenis** *permaidani.*
In the exhibition we are able to witness various kinds of carpets.

Saya akan membeli **berbagai-bagai jenis** *gambar di Madras.*
I shall buy various kinds of pictures in Madras.

Di Dewan itu terdapat **berbagai-bagai jenis** *bunga tiruan.*
In the hall are various kinds of artificial flowers.

Bapa saya membeli **berbagai-bagai jenis** *cat sebab dia seorang pelukis.*
My father bought various kinds of paint because he is an artist.

Dalam kedai itu terdapat **berbagai-bagai jenis** *kuih-muih yang lazat.*
In the shop are various kinds of delicious cakes.

Pekedai itu menjual berbagai-bagai jenis pakaian.
Sukar mendapat berbagai-bagai jenis perabot di bandar kecil itu.

KENA-MENGENA DENGAN – IN RELATION • RELATED TO • CONNECTION WITH • CONNECTED WITH • AFFECTED

Arahan yang dikeluarkan itu ada **kena-mengena dengan** *keselamatan jalan raya.*
That directive that was issued is related to road safety.

Walaupun perkara itu tidak ada **kena-mengena dengan** *saya, tetapi saya suka menolongnya.*
Although I have no connection with that matter I would like to help.

Tindakan yang awak ambil itu ada **kena-mengena dengan** *nasibnya yang akan datang.*
The action that you took will affect his future.

Tuntutan ini ada **kena-mengena dengan** *baki hutang awak bulan sudah.*
This claim is connected with credit from last month.

Tunjuk perasaan itu tidak ada **kena-mengena dengan** *pelajar-pelajar.*
That demonstration has no connection with the students.

Orang yang ditahan itu tidak ada **kena-mengena dengan** *kes pecah amanah.*
That person who was arrested is not connected with the breach of trust case.

Orang itu adakah kena-mengena dengan awak?
Dia tidak ada kena-mengena dengan saya.

TIDAK SESUAI LANGSUNG – NOT SUITABLE AT ALL

Rancangan baru tersebut **tidak sesuai langsung** *bagi kampung itu.*
The new plan is not suitable at all for the village.

Peperiksaan itu **tidak sesuai langsung** *kepada murid-murid baru.*
The examination is not suitable at all for the new pupils.

Makanan itu **tidak sesuai langsung** *kepada orang-orang tua.*
The food is not suitable at all for old people.

Pakaian itu **tidak sesuai langsung** *kepada pemudi itu.*
The dress is not suitable at all for the lass.

Kereta baru itu **tidak sesuai langsung** *kepada jutawan itu.*
The new car is not suitable at all for the millionaire.

Latihan berkenaan **tidak sesuai langsung** *kepada pelajar-pelajar itu.*
The exercise is not suitable at all for the students.

Perbuatan kejam golongan pelampau itu tidak sesuai langsung.
Dasar yang dikemukakan oleh pihak swasta itu tidak sesuai langsung.

MEMPUNYAI BERBAGAI MAKSUD – CONTAINS/HAS VARIOUS/-MANY MEANINGS

Sebenarnya istilah itu **mempunyai berbagai maksud**.
In fact, the term has various meanings.

Ucapan aneh pemimpin itu **mempunyai berbagai maksud**.
The strange speech of the leader has various meanings.

Perumpamaan itu **mempunyai berbagai maksud**.
The proverb has many meanings.

Nasihat datuk saya **mempunyai berbagai maksud**.
My grandfather's advice contains various meanings.

Dialog berkesan itu **mempunyai berbagai maksud**.
The effective dialogue contains various meanings.

Lidah pengarang itu **mempunyai berbagai maksud**.
The editorial has various meanings.

Kata-kata hikmat yang aneh itu mempunyai berbagai maksud.
Sajak penyair terkenal itu mempunyai berbagai maksud.

SEMATA-MATA UNTUK MENGGALAKKAN – WITH VIEW TO ENCOURAGE
• TO GIVE ENCOURAGEMENT

Ikhtiar baru itu **semata-mata untuk menggalakkan** *mereka.*
The new initiative is to give them encouragement.

Mereka bertindak **semata-mata untuk menggalakkan** *pekerja-pekerja itu.*
They acted so as to give encouragement to the workers.

Saya mengesyorkan cadangan itu **semata-mata untuk menggalakkan** *murid-murid yang lemah.*
I put forth the proposal with a view to encourage the weak pupils.

Kesempatan itu diberikan **semata-mata untuk menggalakkan** *pelaburan.*
The opportunity has been given with a view to encourage investment.

Diskusi itu dianjurkan **semata-mata untuk menggalakkan** *semangat bergotong-royong.*
The discussion was organized with a view to encourage mutual cooperation.

Mereka berkecimpung dalam kegiatan itu **semata-mata untuk menggalakkan** *yang lain turut sama.*
They indulged in the activity with a view to encourage others to participate.

Jamuan itu diadakan semata-mata untuk menggalakkan penduduk-penduduk di kawasan itu mengenai antara satu sama lain.
Ucapan yang diberikan oleh pegawai kanan itu semata-mata untuk menggalakkan pelabur-pelabur baru.

YANG AKAN TIMBUL – WHICH WILL ARISE
• WHICH WILL TRANSPIRE

Mereka masih membincangkan apa **yang akan timbul** *kelak.*
They are still discussing what will eventually transpire.

Saya tidak tahu apa **yang akan timbul**.
I do not know what will arise.

Mereka tahu bagaimana menyelesaikan masalah **yang akan timbul**.
They know how to solve the problem that will arise.

Masalah **yang akan timbul** *itu boleh memeranjatkan ramai.*
The problem that will arise can scare many.

Kita tidak memperdulikan langsung perihal masalah **yang akan timbul**.
We are not concerned at all about the problem that will arise.

Budak itu pun tahu apa **yang akan timbul** *daripada perkelahian itu.*
The boy also knows what will transpire from the quarrel.

Saya tidak tahu langsung apa yang akan timbul.
Masalah yang akan timbul itu pasti akan mengelirukan kita semua.

MENGENAI MASA HADAPAN – REGARDING THE FUTURE

Mereka perlu buat sesuatu keputusan **mengenai masa hadapan** *kanak-kanak itu.*
They should take some decision regarding the children's future.

Kumpulan itu tidak menghiraukan **mengenai masa hadapan** *negara.*
The group is not bothered about the future of the country.

Ibu bapa sering berfikir **mengenai masa hadapan** *anak-anak mereka.*
Parents always think about the future of their children.

Tahi arak itu tidak berfikir **mengenai masa hadapan** *keluarganya.*
The drunkard does not think about the future of his family.

Pemimpin itu memberikan ucapan berkesan **mengenai masa hadapan** *penoreh getah.*
The leader gave an effective speech regarding the future of rubber tappers.

Sasterawan perlu menulis **mengenai masa hadapan** *belia kita.*
The writers should write about the future of our youth.

Ibu bapa itu asyik membincangkan mengenai masa hadapan anak-anak mereka yang masih di bangku sekolah lagi.
Belia perlu memikirkan mengenai masa hadapan dengan teguh hati.

LEBIH BURUK DARIPADA – WORSE THAN

Nampaknya keputusan baru ini **lebih buruk daripada** *yang dahulu.*
It appears that the new decision is worse than the former one.

Kelakuan budak ini **lebih buruk daripada** *perangai Ali.*
The behaviour of this boy is worse than that of Ali.

Makanan ini **lebih buruk daripada** *makanan yang dihidangkan kelmarin.*
This food is worse than the food served yesterday.

Cadangan ini **lebih buruk daripada** *cadangan-cadangan lama majikan itu.*
This proposal is worse than the employer's previous proposals.

Tindakan-tindakan mereka **lebih buruk daripada** *tindakan samseng-samseng itu.*
Their actions are worse than the hooligans'.

Kegiatan-kegiatan yang tidak diingini ini **lebih buruk daripada** *aktiviti-aktiviti kumpulan jahat itu.*
These unbecoming activities are worse than the activities of the unruly group.

Perbuatan tidak senonoh itu lebih buruk daripada layanan anasir-anasir jahat itu.
Saya menganggap tindakan terburu-buru ini lebih buruk daripada kegiatan pelampau-pelampau itu.

TIMES LEARN MALAY

Malay in 3 Weeks *by John Parry and Sahari Sulaiman*
A teach-yourself Malay book that enables you to communicate in practical everyday situations.

Malay Made Easy *by A.W. Hamilton*
How to speak Malay intelligibly and accurately.

Easy Malay Vocabulary: 1001 Essential Words *by A.W. Hamilton*
A handbook to enlarge your vocabulary and to ensure effective communication in Malay on a wide range of topics.

Speak Malay! *by Edward S. King*
A graded course in simple spoken Malay for English-speaking people.

Write Malay *by Edward S. King*
A more advanced course on how to read and write good modern Malay.

Learn Malay: A Phrase a Day *by Dr. G. Soosai*
A simple but comprehensive way to learn Malay in 365 days.

Converse in Malay *by Dr. G. Soosai*
A compilation of the highly successful RTM *Radio Lessons* series, a programme which proved both popular and beneficial to thousands of listeners in mastering Malay.

Malay Phrase Book For Tourists *by Hj Ismail Ahmad & Andrew Leonki*
The indispensable companion, it helps tourists in everyday situations in a Malay-speaking world.

Standard Malay Made Simple *by Dr. Liaw Yock Fang*
An intensive standard Malay language (bahasa Melayu baku) course designed for adult learners with no previous knowledge of the Malay language.

Speak Standard Malay: A Beginner's Guide *by Dr. Liaw Yock Fang*
An easy and comprehensive guide which enables you to acquire fluency and confidence in speaking standard Malay in only 3 months.

Malay Grammar Made Easy *by Dr. Liaw Yock Fang*
The most comprehensive guide to Malay grammar, it offers you a solid and efficient foundation to the language.

TIMES LEARN INDONESIAN

Standard Indonesian Made Simple *by Dr. Liaw Yock Fang with Dra. Nini Tiley-Notodisuryo*
An intensive standard Indonesian language course designed for beginners to gain mastery of the language.

Speak Standard Indonesian: A Beginner's Guide *by Dr. Liaw Yock Fang with Drs. Munadi Patmadiwiria & Abdullah Hassan*
An easy and comprehensive guide which enables you to acquire fluency and confidence in speaking standard Indonesian in only a few months.

Indonesian in 3 Weeks *by Dr. Liaw Yock Fang with Drs. Munadi Patmadiwiria*
A teach-yourself Indonesian book that enables you to understand what people say to you, and to make yourself understood in everyday situations.

Easy Indonesian Vocabulary: 1001 Essential Words
by Dr. Liaw Yock Fang
A handbook to enlarge your vocabulary and to ensure effective communication in Indonesian on a wide range of topics.

Indonesian Grammar Made Easy *by Dr. Liaw Yock Fang*
A companion volume to *Easy Indonesian Vocabulary: 1001 Essential Words*, this comprehensive book enables you to learn Indonesian with ease.

Indonesian Phrase Book For Tourists *by Nini Tiley-Notodisuryo*
A handy reference for every traveller, it helps you in everyday situations during your stay in Indonesia.

Essential Indonesian Reading: A Learner's Guide 1
by Dr. Liaw Yock Fang & Dr. Leo Suryadinata
Enriches learner's knowledge of contemporary Indonesian vocabulary against a backdrop of developments in its history, politics, economy, religion, culture and society.

Essential Indonesian Reading: A Learner's Guide 2
by Dr. Liaw Yock Fang & Dr. Leo Suryadinata
With up-to-date reading materials in Bahasa Indonesia, this book introduces students to new words especially those words used in Indonesian newspapers and periodicals. It also enriches students knowledge of contemporary Indonesia including the latest development in its history, politics, economy, religion, culture and society.

REFERENCE

Times Comparative Dictionary of Malay-Indonesian Synonyms
compiled by Dr. Leo Suryadinata, edited by Professor Abdullah Hassan
For learners of Malay and Indonesian who want to know the differences that exist between the two languages.

Tesaurus Bahasa Melayu *by Prof. Madya Noor Ein Mohd Noor, Noor Zaini Mohd Ali, Mohd Tahir Abd Rahman, Singgih W. Sumartoyo, Siti Fatimah Ariffin*
A comprehensive A–Z thesaurus that enables you to master Malay vocabulary effectively.